公務員試験
無敵の
論文メソッド

CSS公務員セミナー顧問講師
鈴木鋭智
Eichi Suzuki

実務教育出版

はじめに

賢い者は失敗者に学び成功し、
愚かな者は成功者をまねて失敗する。

「模範解答」だけの参考書で結果が出ないのはこのためだ。

合格への近道は「ガッカリな答案」を分析すること。

テーマの解釈、具体例の選び方、解決策の出し方、それぞれのステップで人間の脳は「誤った選択」をしてしまう。

どんなに最新の時事情報を詰め込んでも、「思考の癖」を直さない限り「ガッカリ答案」は繰り返されるのだ。

したがって、本書の目的は模範解答や時事ネタの提供ではない。

あなたの脳の「ガッカリ思考」を「スッキリ思考」に変えること、それに尽きる。

私は代々木ゼミナール講師を経て、現在はＣＳＳ公務員セミナー顧問講師として通算１万５千人以上に論文の書き方を指導してきた。

ここ５年間は合格率９割を超え、合格者からは

「例年とまったく違う出題形式だったが、ビビらず対応できた」

「最終面接で知事に論文の内容を褒められた」

という嬉しい報告をもらっている。

そこで、これまで見てきた膨大な数の答案から、特に公務員志望者が陥りやすい「ガッカリ思考」、そして高得点で合格する人に共通する「スッキリ思考」の要素を本書のあちこちにちりばめてみた。

鋭い人なら一度読み通せば「スッキリ思考」が身につくだろう。鈍い人でも100回読めばわかるはず。

100回読んでもらえるように、ページ数は最小限にしてある。この分野の参考書によくある「時事用語解説」や「過去問一覧表」はバッサリ省いた。これらは必要になってからググればいい。

まずは読み物として気楽に読んでくれたら嬉しい。

賢い受験者諸君、「ガッカリ答案」に学び合格しよう！

公務員試験突破のための、ちょっとした冒険に出かけよう！

Contents

公務員試験
無敵の論文メソッド

第2章

頻出テーマで問題解決のトレーニング 029

第3章

デキる公務員になるための問題解決メソッド 063

第5章

引っかけ注意！データ問題はこう解く　109

【カバーデザイン】株式会社坂川事務所　坂川栄治、鳴田小夜子
【本文デザイン・組版】有限会社ムーブ　新田由起子、徳永裕美
【本文イラスト】株式会社ぽるか　村山宇希

本書の特徴と使い方

- 本書は過去問に挑戦する前の「最初の一冊」として、基本的な考え方を身につけるための本です。丸写しするための「ネタ本」「模範解答集」「資料集」の類いではありません。

- 過去問に挑戦するとき、本書を手元に置いておいてください。書きながら行き詰まったり迷ったりしたとき、本書の中のどこかにヒントが必ずあります。

- 本書には解答例として、社会の様々な問題に対する「解決策」が登場します。これらは論文の思考法を教えるためのヒントとして挙げたものであり、著者ならびに出版社がこれらのアイデアを世に提言するという性質のものではありません。念のため。

- 本書で取り上げている論文の問題（課題文）は、出典を表示しているものについても、適宜、改変しています。近年は、多くの自治体がホームページで過去問を公開していますので、参照してください。

第1章

論文試験、何を書いたら受かるのか？

ゴールがどこかも知らず、
闇雲にボールを蹴ってもシュートは決まらない。
大事なのは「どう書くか」よりも「何を書くか」。
まずは８割の受験者が誤解している
「論文試験のゴール」を再定義しよう。

そもそも、何を書いたら「論文」なのか？

「論文って、やる気や人間性をアピールするものでしょ？」
「いやいや、行政に関する知識が求められるんだよ」
「自分の価値観を主張するチャンスだ！」

残念ながら、どれも間違い！

実は公務員試験受験者の８割が「論文試験は何を審査する試験なのか」を誤解している。だから「何を書けばいいかわからない」し、何とか原稿用紙を埋めても得点に結びつかない。

本書の出発点として、公務員試験における「論文」の定義をはっきりさせておこう。

「論文とは、問題点を挙げて解決策を出す文章である」

例題　育児放棄や児童虐待によって幼い子どもの命が奪われる事件が多発している。これについて、あなたの意見を述べなさい。

解答例❶▶

育児放棄、児童虐待……。私はこんなニュースを聞くたびに胸が痛む。自分の子どもは命に代えても大事にするのが親の本能のはずだ。にもかかわらず一番信頼している自分の親の手で命を奪われる子どもの悲しみはどれほどだろうか。

子どもたちが笑顔で暮らせるような、そんな世界が実現することを心から願ってやまない。

具体的にはどうするの？

これは感想文。この人がおそらく「優しい心の持ち主」なのはわかるが、「優しい人」と「仕事ができる人」は話が別。公務員だったら「心から願って」ばかりいないで、仕事をしよう。

解答例❷▶

問題の原因を掘り下げている。

誰が何をするのか、提案が具体的。

　育児放棄や児童虐待の原因の一つとして母親のストレスが挙げられる。都市化によって親類や隣近所との付き合いが減ると、子育てを手伝ってもらったり悩みを相談したりする相手がいない。そのため一人でストレスを抱え込み、爆発してしまうのである。

　したがって、行政が育児経験の豊富なアドバイザーを戸別に派遣するなどして、若い母親が孤立しないように積極的に介入すべきである。各家庭のプライバシーも大切であるが、子どもの命はそれ以上に優先して守られるべきである。

「デキる公務員」になれる人が書くのはこういう答案だ。

　実際、公務員試験でよく出る論文のテーマと言えば、「人口減少社会」「地方経済の衰退」「街の治安」「災害への備え」など、どれも世の中で問題となっていることばかり。このような「世の中で誰かが困っていること」に解決のアイデアを出せる人こそ、論文試験で求められる人材なのだ。

POINT　論文＝問題点＋解決策

受験者の7割が陥る「施策まとめ答案」

解答例❸▶

> 虐待は家庭内
> いじめは学校。
> 別の問題。

> これでは
> 単なる
> イエスマン。

育児放棄や児童虐待、また待機児童問題や学校におけるいじめ問題など、現代社会の子ども達は多くの問題に直面している。これに対して○○市では「子育て支援都市宣言」を発表し、保護者や子ども達に対する支援を始めている。また市内の小中学校では「いじめ撲滅キャンペーン」を５年前から実施しており、実際にいじめの認知件数が減っているとして高い評価を得ている。さらに引退した元保育士の復職を積極的に進め、待機児童問題解消に向けた取り組みも進んでいる。私もこれらの取り組みに賛成である。

公務員試験において、全体の７割以上を占めるのがこの手の答案。

一見、行政について熱心に研究したことをアピールできているようだが、よく読むと「既に行われている施策のまとめ」だけで、「自分なりの新しい解決策のアイデア」は一つも書かれていない。

面接に置きかえてみると、この奇妙さがわかるだろうか。

出題者「この問題を解決してください」

受験者「あなた方はこんな取り組みをしていますね」

出題者「いやいや、新しいアイデアを出してほしいんですが？」

受験者「あなた方はこんな施策もやっていますね」

（以下、繰り返し）

まるでコントのような会話だ。

恐ろしいことに７割の答案がこのようなかみ合わない受け答えを繰り広げている。論文以前にコミュニケーション能力の欠如が疑われてもしかたがない。

このような「施策まとめ答案」がダメな理由はもう一つある。

行政の施策をすべて覚えるのは現実的ではないからだ。

行政というのは、案外いろいろな施策を行っているもの。シングルマザーのケアにしても夜間の保育受け入れにしても、「くまなく探せば」何らかの制度やサービスが存在する。役所としては何かあったとき「やってないだろ！」と批判されたら困るのだ。

制度が周知されていないのも問題だ。

そのため、やっていることが多すぎて現役の職員ですら担当部署以外のことは把握しきれない。ましてや部外者である受験者がすべて調べて覚えておくことなど不可能だ。

採点官もそのことはよくわかっている。当然、「最近こっそり始めたこの取り組みを書いてないから失格ーっｗｗ！！」なんて重箱の隅をつつかれることはないので安心しよう。

POINT! 市のサイトのコピペに価値はない

「行政への提言」と「行政批判」の境目は？

「『保育所を増やせ』と書いたら保育所不足を批判することになるし、『失業対策を進めろ』と書けばハローワーク批判と受け取られそうだし。問題提起したら行政批判になりませんか？」

公務員の論文試験や面接試験における注意点の一つに「行政批判はするな」がある。たしかに役所が嫌いなのに公務員になりたいというのは矛盾している。

減点を怖れると就活は辛くなるぞ。

しかし、逆に「行政の悪口は一つも書いてはいけない」と気にしすぎては、論文の問題提起をすることもできなくなってしまう。問題を提起できるということは、その点に関して行政の取り組みが不十分だということになるからだ。

「施策まとめ論文」が続出するのはこの辺にも原因があるのかもしれない。

ジレンマ解決のコツは要素を分けること。

行政を否定するのはまずいが、現状をすべて肯定しては問題提起にならない。このジレンマを解決するために「行政への提言」と「行政批判」の境界線をはっきりさせておく必要がある。

批判してはいけないこと	書いてもいいこと
行政、公務員そのものの存在意義 現在実施中の施策そのもの	行政、公務員の非効率的な点 現在の施策でまだ不十分な点 歴史上の行政の失策

たとえば「公務員という安定した身分が諸悪の根源だ」などと書いたら「そんなに嫌なら民間へどうぞ」と言われておしまいだ。でも「市役所の窓口業務が17時で終わるのは住民のライフスタイル

の多様化に合っていない」という書き方なら「24時間対応を検討しようか」という話に発展する。

つまり全否定で終わったら「批判」、部分否定からポジティブな改善につなげれば「提言」となるのだ。

そして「歴史上の行政の失策」というのは、戦時中の政策や昭和の公害問題など。昔の話題なら「相手を責めている」という感じにならないし、当時の責任者たちも現役を退いているので角が立ちにくい。これも「同じ間違いを繰り返さないために」というポジティブな提案につなげるのがコツだ。

公務員でも民間のサラリーマンでも、出世するのは単なるイエスマンでもなければ相手を打ち負かすディベート屋でもない。相手の顔を立てつつもハッキリ物申す人なのだ。

POINT 「全否定」ではなく「部分否定→ポジティブな提案」

「模範解答」を丸暗記すれば大丈夫？

「予備校のサイトや参考書の『模範解答』を丸暗記して行けば、運よく同じ問題が出たりするんじゃない？」

残念ながら、それで受かる確率は低い。

暗記した『模範解答』とまったく同じテーマがそのまま出題されることは滅多にないからだ。

たとえば同じ「教育」という括りでも、年度によってキーワードが「学校選択制」だったり「いじめ」だったり「英語教育」だったりと切り口が変わる。これらすべてのパターンで「模範解答」を見つけて覚えるのは現実的ではない。

だから問題文はよく読もう！

それに前例のない、まったく新しいテーマが出題されることもよくある。

「地域社会において自転車を安全かつ安心して利用できるまちづくりについてどのように取り組むべきか、あなたの考えを論じなさい。」（特別区・26年度）

「上司から1億円の範囲内で予算案を作成するように指示されました。予算の使い方は、あなたがやりたいと思う事業であれば、一つでも複数の事業でもよいと言われました。あなたなら、どういう事業にどのような予算を組みますか。」（高知県・24年度）

こんな問題が出されたとき「想定外だったので書けなかった」という人は、大災害が発生したときも「想定外の事態なので……」と思考停止してしまう人だ。

実際、東日本大震災以降、面接や集団討論でも「初めての問題に臨機応変に対処できる力」を求める傾向が強まっている。もはや「前例くん」は評価されない時代なのだ。

さらに、「模範解答」にはもう一つ根本的な問題がある。

それは予備校のサイトや参考書の「模範解答」が合格答案とは限らないということだ。

実はネットや参考書で公開されている「模範解答」は出題者が発表した「正解」ではない。各予備校の先生方がそれぞれ独自に作ったものにすぎず、その答案を書いたら実際に何点取れるかは確認されていない。そのため良質な答案もある一方で「施策まとめ答案」や「勝手に自分語り答案」も混じっているのが実情だ。

ネットや参考書の解答例とはあくまでも「ライバルが書きそうな例の一つ」として付き合おう。

もっといい
答案を
自分で書こう。

POINT! **何が出されてもその場で解ける思考力をつけよう**

君の価値観なんて聞いてない

問題 学校選択制について、あなたの考えを述べよ。

ガッカリ答案

私は学校選択制に賛成だ。教育において一番大事なのは生徒の個性を尊重し、伸ばしてあげることだと私は思う。教育方針や制服を選ぶこともできない学区制度は間違っている。「みんなちがって　みんないい」という金子みすゞの詩のように、生徒それぞれの個性を認めることこそ教育の根幹であるはずだ。

賛成／反対で始めると視野が狭くなる。

文学作品の引用は必要ない。

「教育において一番大事なことは？」と聞くと、人によって「学力を鍛えること」「規律を守らせること」「思いやりの心」「愛国心」など、見事にバラバラな答えが返ってくる。

つまり現在の日本社会では「教育で一番大事なこと」という価値観についてのコンセンサス（社会的合意）が得られていないのだ（「ゆとり」「学力」「道徳」と方針がコロコロ変わり、そのたびに現場の先生達が混乱するのはこれが原因だ）。

十人十色の価値観があるのに、「私は○○が一番大事だと思う」と個人の価値観を主張しても説得力は弱い。採点者に「私はそうは思わないけど」と思われたら終わりだ。

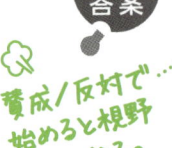

それに公務員の仕事は多様な価値観を持つ住民のニーズに公平に応えること。そのためには自分の価値観はひとまず引っ込める必要があるのだ。

ここでの「学校選択制」のように具体的な施策について賛否が割れるときは、一人一人の価値観という心の中の問題とは別に、はっきり目に見える部分でのメリットとデメリットがあるときだ。ある

立場の人には利益になっても、別な立場の人には不利益になる。だから世の中を二分した論争になるのだ。

自分の価値観を主張する人と、人々の利益と不利益に気づく人。公務員としての資質があるのはどちらだろう？

スッキリ答案

学校選択制のメリットは、生徒や保護者が望む教育環境を提供できる点である。学区制で近所に「荒れた学校」しかない場合、安全面・学力面で不利益を被るおそれがあるからである。

一方、学校選択制のデメリットは、通う学校が異なるため保護者による通学路の安全指導や緊急時の集団登下校などが難しく、児童生徒の安全を確保しにくいという点である。

したがって学校選択制よりも、児童生徒のニーズに合った教育環境を提供する方が合理的である。たとえば小中学校であっても学期ごとに成績順でクラス替えをすれば、同じ学校の中で成績上位層・下位層それぞれに合った指導が可能になる。

必要性とはそれがないと困ること。

単なる反対ではなく対案を出す。

POINT！ 価値観よりも実務能力を見せてくれ

やる気、人間性は〇〇でアピールしよう

問題　高齢化が進んだ社会における行政の役割。

ガッカリ答案

社会全体がこうなるための提案を。

四人に一人が65歳以上の高齢者となった現在、大切なのは高齢者を若者みんなで支えようという意識だ。実際、私も電車の中でお年寄りを見かけたら率先して席を譲り、階段で大きな荷物を持ったお年寄りがいたら代わりに運んであげるよう心がけている。

私が県職員として採用された暁には、学生時代にラグビーで培った行動力と忍耐力を活かし、国民一人一人の声に耳を傾け、高齢者など社会的弱者を支えていけるような公務員になりたいと心から思っています。

問われているのは「行政の役割」なのに、自分の話だけで終わっている。これでは設問に答えたことにならない。

自分のエピソードや将来の抱負を書いていいのは、設問に「あなたの体験談を」「あなたの抱負を」という条件がある場合だけ。具体的な社会問題がテーマとなっていたら、基本的に自分の話ではなく社会に必要な施策を提案せよというのが出題意図だ。

いまだに「論文試験＝人物重視」と誤解している人は多い。日本の学校では「問題解決」という科目が存在しないため、「学力以外の評価」と聞くと短絡的に「人柄？」と思ってしまうのも無理はない。

何度も言うが、問題を解決するのが論文。やる気と人間性はエントリーシートと面接でアピールしよう。

では「問題解決」の論文では書き手の人間性は１ミリもいらないのかというと、実はそうでもない。

本気で公務員になりたい人、本当に国や地域の役に立ちたい人は社会の問題に対する目の向け方が違う。「高齢化」という大ざっぱな括りではなく、「身寄りのない高齢者」「介護の必要な高齢者」「おじいちゃんの介護をする息子夫婦」のように一人一人のリアルな暮らし方に目を向けたことがあるはずだ。

スッキリ答案

社会の高齢化により、国民全体の税負担以上に深刻化する問題が親の介護である。労力や費用の負担だけでなく、仕事との両立ができず「介護退職」せざるを得ないなど、働く世代が人生を犠牲にするケースが増えているのである。

したがって高齢者の介護は施設、自宅を問わず全面的にプロの介護職員に任せることのできる社会を作るべきである。そのためにも介護職の給与や労働条件を改善し、優秀な介護職員の離職率を下げることが必要である。

平均月給22万円！
介護報酬は国が定めている。

POINT やる気、人間性はエントリーシートと面接で

知識で飾り立てた「カモフラージュ答案」

問題　郊外型の大型ショッピングセンターの進出により、周辺の地域社会にどのような影響があると考えられるか、あなたの意見を述べよ。

ガッカリ答案

　ショッピングセンターの歴史を遡ると、２世紀のローマに建設された「トラヤヌスの市場」が原型とされる。だが現在のように郊外のショッピングセンターに車で出かけ、一週間分の食品をまとめ買いするという生活スタイルは1950年代のアメリカで始まった。これは当時のモータリゼーションすなわち自家用車の普及と冷蔵庫の発明によって可能となったものである。

　さらにバーコードとＰＯＳシステムによって商品管理が容易になると、大規模な販売網を持つ全国チェーンほどビッグデータを活かした販売戦略で小規模な小売店を圧倒できるようになった。日本では2000年、店舗規模などを制限していた大規模小売店舗法が廃止され、生活環境への配慮を求める大規模小売店舗立地法が施行された。

　そんなショッピングセンターでの消費に興じる現代の消費者。彼らは大量生産される画一的文化を享受しつつ、資本主義の奴隷、透明な大衆の一員になっているのではないだろうか。

この問題をメインに書くべきだった。

インテリ風の文化批評だが、論文には不要。

　いかにも知性と教養あふれる名文のように装っているが、実は用語の説明と周辺知識をグダグダ並べているだけで、話の本題である「地域社会への影響」にはまったく踏み込んでいない。

　中身がないのを蘊蓄（うんちく）でカモフラージュし、読み手を煙に巻こうとしているだけだ。

この手の答案例は参考書にもありがちで、素人は簡単にだまされる。人は自分の知らない知識を並べられると「すげー」と思ってしまうものだ。

ただし、採点官もカモフラージュ答案でだませると思ったら大間違い。毎年大量の答案に目を通している彼らは偽装を見抜くプロでもある。

そもそも公務員の仕事の一つに「書類のチェック」がある。市民や企業などから寄せられる申請書や申告書に間違いや虚偽がないか、必要項目が抜けていないかを日常的に発見しているのだ。「嘘の数字は浮かんで見える」と語る職員も多い。

そんな海千山千の公務員を相手にするなら、小手先で煙に巻こうとは考えない方が賢明だ。正面から問題解決に取り組んでみせよう。

POINT 採点官は偽装を見抜くプロだ

「論文試験は水モノ」という都市伝説

「論文試験は水モノ」と言う人がいる。

「読み手の感性と合うかどうかで評価が左右される。受かるか落ちるか予測できない、博打みたいなもの」という意味だ。

ちなみに「みずもの【水物】」を国語辞典で引いてみると、

「① 飲み物。② 水分の多い果物・水羊羹などの食品。③ 運に左右されて予想しにくいもの。あてにならないもの。「勝負は—だ」」

また、和英辞典にはこんな例文が載っている。

「勝負は水物だ【賭けみたいなものだ】Every game is a gamble.【偶然に支配される】Every game is ruled by chance.」

しかし、考えてみるとおかしな話ではないか？

受験者にとって「実力ではなく運に左右されるギャンブル」であるなら、採用する側にとっても「優秀な人材かダメな奴かわからない選抜方式」ということになる。

そんな「アホな制度」を行政が続けるだろうか？

採用は優秀な人材の争奪戦だ。

わざわざ手間とコストをかけて採用試験を行うからには、「優秀な人材とそうでない人をはっきり選別できるシステム」になっているはずだ。

そこで、論文試験で合格／不合格が決まる本当の仕組み、論文試験が「水モノ」呼ばわりされる本当の理由を理解しておこう。

この図を見てほしい。受験者の得点分布をピラミッド型にしたも

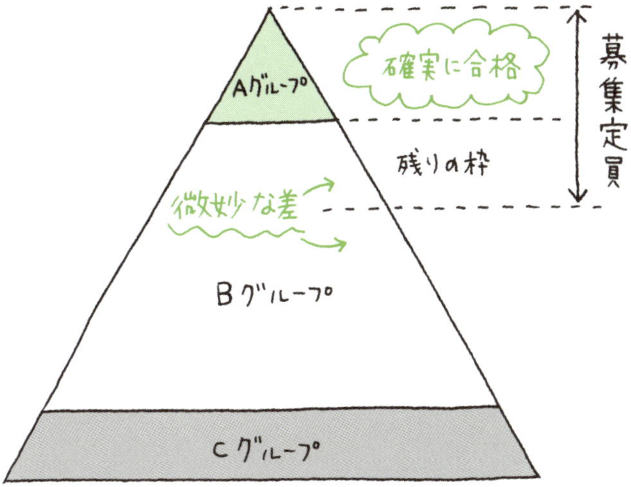

のだ。

他の科目で失敗しても逆転できる。

Ａグループは高得点で確実に受かる上位層。彼らはほぼ全員「問題解決論文」を書いている。

一番下のＣグループは明らかな字数不足やテーマとまったく関係ないことを書いてしまったダメ答案。他の科目で頑張っても論文試験が足を引っ張ってしまう。

問題はＢグループだ。この図を見るとわかるように、Ａグループが勝ち抜けたあとの残りの定員枠をＢグループが争っていることになる。

実はこのＢグループがこぞって書いている答案こそが「施策まとめ答案」。どれも似たり寄ったりなので、「言葉遣いは正しいか」「誤字脱字がないか」「不快な表現はしていないか」などの微妙な差で順位が入れ替わるし、他の科目の点数次第で簡単に逆転されてしまう。

採点者との相性はここで影響する。

論文試験が「不確実な水モノ」であるとは、この中間層すなわちＢグループに限っての話だったのだ。

POINT 確実に受かるＡグループに入ろう

「アイデアがひらめく」本当の仕組み

「解決策を出せといっても……アイデアとかって一番苦手なんです。頭が固くて、数的処理もぜんぜんダメなんですぅ」

「発想とかが苦手だから、真面目にコツコツ公務員になろうと思っていたのにぃ」

小中高大学と「与えられたものを覚える」式で生きてきた人は「自分でアイデアを出せ」といわれると途方に暮れるかもしれない。

でもそれは「生まれつき頭が固いから」ではない。

単に慣れていないだけだ。

実は世の中で「アイデアマン」と呼ばれる人たちに共通することがある。それは「解決策の事例をたくさん知っている」ということだ。

「答えを知っているなら、アイデアじゃないじゃん。『施策をまとめるな』って言ってたのに」

施策まとめとはちょっと違う。ここでいう「事例」とは「自分が受ける自治体の施策」ではなく、「よその自治体や外国、民間企業での成功例」という意味だ。

ママチャリでの送り迎えは大変。

たとえば千葉県流山市の少子化対策。同市では駅で子どもを預ければ各保育園まで送ってくれる「送迎保育ステーション」を開設。さらに英語教育や音楽教育などの特徴を持つ有名保育園を誘致し、都内各所で「母になるなら、流山市。」という広告を出した。その結果、子育て世帯が多数転入して人口が増えている。

街コンで地元の男女に結婚を勧めなくても、既に結婚して子どもを産む気満々の夫婦に引っ越してきてもらった方が早いのだ。

また徳島県神山町は人口約6300人という過疎地だったが、ＩＴ

ベンチャー企業の誘致に成功している。すべての集落に光回線を完備し、大自然に囲まれた古民家を格安でオフィスに改装できる利点をアピールした結果、東京や大阪に本社を置くＩＴ企業９社がサテライト・オフィス（支社）を開設。若い社員が家族連れで移住するなど、地域の活性化にも貢献している。

移住者をお客にした商売も生まれる。

時代の最先端では価値観が次々に逆転していく。クリエイティブな仕事には田舎の大自然の方が向いていたりするのだ。

これらの成功例をどこでもそのまま使えるとは限らない。しかし流山市や神山町の試みに見られる「発想の転換」は他の地域の他の問題を考えるときのヒントになるだろう。

頭が柔らかいからゼロから解決策を生み出せるということではない。成功事例をたくさん知ることで頭が柔らかくなるのだ。

実は数的処理が得意な人も、最初から頭が柔らかかったわけではない。数学やパズルの問題にたくさん触れて面白い解き方をいくつも知っているので、初めて見る問題でも答えが「ひらめく」のだ。

POINT！「よその成功事例」をヒントにしよう

コラム

土下座就活はやめよう

「知事のお人柄を大変尊敬しております！　何でもやります！　離島にも行きます！　だから落とさないでぇぇぇ！（泣）」

言葉には出さなくても、心の中がこんな「土下座モード」になっていたら就活は厳しい。

なぜなら、交渉の主導権を相手に渡しているからだ。

就活は売り手と買い手の駆け引き。商品が月並みなら「値引きするから買って下さい m(_ _;)m」と頭を下げなければならないが、商品に価値があれば「一番高値をつける人に売ってあげる」という強い立場になれる。

まずは自分の価値を自分で認めよう。

「私にはこんなに能力と実績と伸びしろがあります。お望みなら御庁で活躍してあげますが、どうします？」

これが内定を勝ち取る人のメンタルだ。

「自分には価値がある」と根拠もなく思い込める人は、自分の経歴や経験の中から無意識に「他人より抜きん出たもの」を見つけ出そうとする。「ある」と思って探すから、隠れた武器が見つかるのだ。

一方、自己評価が低く「土下座モード」に入っている人は、「減点されないこと＝平均から外れないこと」ばかり気にしている。そのため実際以上に「無難で凡庸な人」に見られてしまうのだ。

だから、いますぐ「心の土下座」をやめよう。

胸を張って、自分に高値をつけよう。

第2章

頻出テーマで問題解決のトレーニング

この章ではいきなり実戦練習。
よく出題される８つのテーマを
「スッキリ答案」がどう斬るか、
「ガッカリ答案」と比較しながら体験しよう。
問題解決の基本を学びたい人は、
次の第３章を先に読んでもいい。

▶人口減少社会

人口を増やさないと自治体が消滅する？！

かつては「少子高齢化」というテーマが多かったが、2012年に実際に日本の人口が減少に転じたと発表されてからは「人口減少社会」としての出題が増えている。

一見似たテーマではあるが、「少子高齢化」は高齢者と若者のバランスの問題だったのに対し、「人口減少社会」は全体の人数が減っていく問題という違いがあるのに気をつけよう。

問題　人口減少社会において行政が果たすべき役割について、あなたの考えを述べよ。

ガッカリ答案

人口が減ると、国や自治体の税収は減り、財政が苦しくなる。さらに地域の伝統文化を継承する人もいなくなってしまう。また労働力不足で街にも活気がなくなるだろう。そして多くの自治体の「消滅可能性」……。

だから国や自治体は人口を増やすための取り組みをするべきだと思う。まず少子化対策として街コンなどのイベントを開き、若い男女の結婚を促したい。また子育てを経験した著名人の講演会で、子どもを産むこと、育てることの素晴らしさを広めることも重要だ。さらに労働力不足解消のために外国から移民を受け入れれば、経済の発展と税収の維持を両立することができる。

地球滅亡をイメージしてはいけない。

次代の納税者が増えるまで20年はかかる。

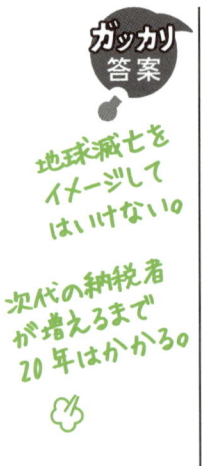

この答案のどこがおかしいかわかるだろうか？

住民が減ったら公務員を減らせばいい。住民のために行政がある

のであって、税収を維持するために住民を増やすのは本末転倒だ。

伝統文化の継承も、数人が手を挙げてくれれば済む話。誰も見向きもしないほど魅力も市場ニーズも失っている伝統芸なら、わざわざ残す必要もないだろう。

労働力が不足すれば求人倍率が上がる。失業者にはむしろ朗報だ。

消滅可能性？　隣町と合併すれば済むではないか。

変化を好むか
怖れるか。
性格が
出るね。

「人口減少は全国民にとっての大問題だ！」と短絡的に考える人は、「変化＝悪いもの」という固定観念に縛られている。こういう人は、おそらく人口が増えたら増えたで「人口増加が問題だ！」と騒ぐだろう。

ちょっと考えてみよう。

人口減少はそんなに悪いことだろうか？

人口は多ければいいのだろうか？

もし「ちょうどいい人口」があるとしたら、それは何人くらいなのだろうか？

物事の「変化」には往々にしてプラス面とマイナス面があるもの。たとえば「地球温暖化」なら、

マイナス面　「アルプスの氷河が溶ける」
プラス面　　「農作物が育ちやすくなる」

という両面がある。そうだとすると、「気温を元に戻す」よりもいっそ「温暖化に合わせた作物を栽培する」方が合理的かもしれない。

「元に戻そう」と騒ぎ立てるだけが解決策ではない。変化を受け入れて適応するという解決策もあるのだ。

話を戻して、人口が減ることによって「得する人」と「損する人」を分けてみよう。そうすると「本当に困る人」が見えてくる。

スッキリ答案

いろんな場所に目を向けよう。

国や地域の人口が減少することによるプラスの影響として、戦後の人口増大期に生じた様々な問題が解消されることが予想される。これまで都市部では過度の人口密集により慢性的な交通渋滞や地価の高騰、住宅の狭隘（きょうあい）化、さらには進学や就職における過度の競争が問題となっていた。また国全体としても食料自給率が低く輸入に依存していることも問題であった。人口減少によりこれらが改善されれば、日本人全体の生活の質の向上につながると考えられる。

費用対効果がものすごく悪くなる。

これに対し人口減少社会のマイナス面として、地方における急速な過疎化が挙げられる。過疎地においてはいわゆる「限界集落」のように商店や交通機関が撤退し、残された人々の生活が成り立たなくなる地域が増えると予想される。これは行政にとってもインフラ整備や防災、医療などのサービスを地域の隅々にまで届けることが困難になることを意味している。

以上より、人口の減少は都市部においてはプラスに働き、地方ではマイナスに働くといえる。したがってこれに対する施策としては国全体の人口を増やすことよりも、人口減少を受け入れた上で社会のバランスを調整していくことの方が現実的だといえる。たとえ労働力を補うために移民を受け入れても日本人

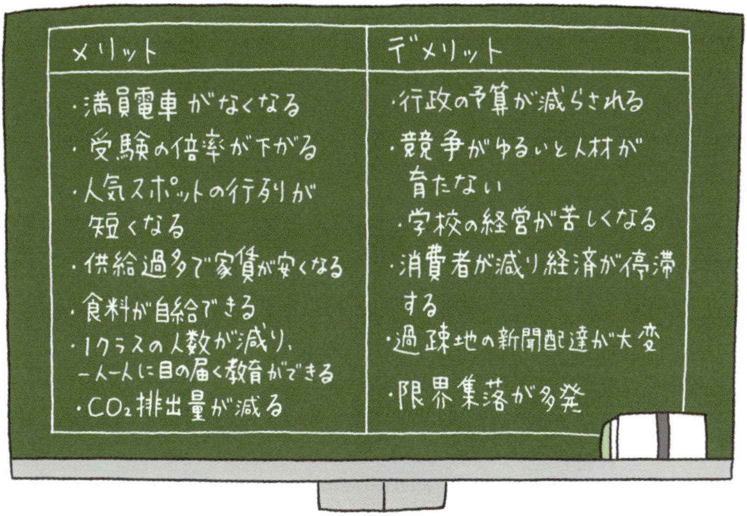

の住民との摩擦など新たな問題が予想される上に、そもそも生活しにくい社会のままでは子どもを増やそうというモチベーションにつながらないからである。

具体的な対策としては、過疎と高齢化の進んだ地域では住民を近くの中核都市に移住させることが考えられる。これによってある程度の人口密度を維持し、地域経済の活性化や行政サービスの効率化を実現することができる。同時にこれまでの宅地や農地を借り上げて集約すれば、大規模な農地として農業を再編することが可能となる。これによって企業や若者の参入を増やせば、効率的な農業と後継者の育成が可能になり、食料自給率を向上させることができる。そして農業中心の産業を復活させれば関連する雇用も増え、若者を地方に呼び戻すことも可能になる。このような地方の町と農地の再編によって人口減少社会のマイナス面をプラスに転じることができると考えられる。

「コンパクトシティ」と呼ばれる。

農地法では農地の「賃借」が参入の条件。

POINT! 人を増やすより、減った人口に適応した方が合理的

▶格差社会

富裕層を懲らしめて不公平をなくそう？

問題　**格差社会について。**

ガッカリ答案

日本では今、貧富の格差が広がっている。多くの庶民が家計のやり繰りに苦労している一方で、都心には「億ション」と呼ばれる高級タワーマンションが建ち並び、高級外車を乗り回す富裕層いわゆる「セレブ」たちがいる。

問題は、今の日本社会では受験競争や就職活動で一度失敗すると「負け組」になってしまい、一生それが固定されてしまうことだ。それだけではない。最近の調べによると東大生の親の平均年収が1000万円以上だという。塾や進学校に通える子どもはいい教育を受けて東大に進み高収入の職業に就く。このため格差が世代を超えて固定されるとの懸念がある。

高学歴プアもいれば元貧乏芸能人もいる。

このような格差を是正するため、累進課税をもっと強化して富裕層の所得を社会に再分配すると同時に、貧しい家庭の子どもでも東大に入れるように学習塾の費用を行政が負担したり、東大の合格者のうち富裕層を半分に限定するなどの取り組みが必要である。これによって経済格差と教育格差が解消され、平等な社会が実現するのである。

優秀でも東大に入れないのは逆差別。

高級タワーマンションに住んで高級外車を乗り回す人たちは、他人に迷惑をかけているだろうか？

東大に入れないことは、それほど不幸なことだろうか？

富裕層がいなくなれば、みんな幸せになれるのだろうか？

「格差＝悪」と決めつけると、「差をなくせば幸せな社会になる」

と考えてしまいがちだ。

だが冷静に考えてみよう。

富裕層のほとんどは人一倍努力をして財産を築いたのであって、悪いことをして稼いだわけではない。それに税金や社会保障費なども庶民よりたくさん負担してくれているし、何より豪勢に消費して景気に貢献してくれている。

むしろ感謝されてもいいはずなのに、「富裕層＝悪」と決めつけた「反格差社会デモ」が行われるのはおかしな話ではないか？

こうなる原因は「不公平感」「嫉妬」という人間の感情。

人は自分の立ち位置を他人との比較で測ろうとする。たとえ生活必需品が揃っていても、もっとリッチな生活ぶりをＳＮＳで見せつけられると「悔しい！」「不公平だ！」と思ってしまうものだ。

しかし感情に振り回されて合理的な思考ができなくなってはいけない。「不公平感」から一旦離れて、格差社会の中で本当に困っている人、生活に支障が出ている人を探してみよう。

相対的貧困よりも絶対的貧困。

スッキリ答案

悪い変化にも理由と必然性がある。

今、日本では所得格差とそれにともなう教育格差が問題となっている。不景気や外国企業との競争の中で日本企業が生き残るため、成果主義を導入したり労働力を非正規雇用者に置きかえて人件費の削減を図るのはやむを得ない。しかしその結果、高所得の正社員と低所得の非正規雇用者の格差が生じたのである。

しかし差が生じるからといっていわゆる「勝ち組」の存在や競争そのものを否定するべきではない。より豊かな暮らしを求めて努力や工夫をするモチベーションが失われ、社会全体の活力が低下してしまうからである。問題は格差そのものではなく、いわゆる「負け組」とされる人たちが貧しすぎて生活を維持できなくなっているという点である。

受給できない失業者が77%（ドイツは13%）

このように生活困難なほどの低所得者が増えている原因は、第一に給与そのものが低いこと、第二に雇用が不安定である上に失業保険の受給条件が厳しいこと、そして第三に低賃金で長時間働かなければならないため、資格取得やスキルアップなどより高収入を得るための自己投資をする余裕がないことである。

さらに近年では格差が世代間で受け継がれることが指摘されている。ただしこれは塾や有名進学校に通えるかどうかという格差だけではない。家庭内に問題があるために低所得である場合、その影響で子どもが落ち着いて勉強できなかったり、通学すらしなくなるケースがある。こうして必要最低限の教育も受けられないため、子どもも貧困から抜け出せないのである。

低所得者を最も圧迫するのが家賃。

したがって、低所得層の生活レベルを改善し貧困から抜け出すチャンスを与える施策と、その子どもたちに十分な教育を受けさせる対策が必要である。まず最低賃金の引き上げや失業保険受給の条件緩和、また格安の住宅の供給などにより、非正規雇用者の生活にゆとりを持たせることである。その上で夜間の資格講座などを開講すれば、「負け組」から抜け出すことが可

	富裕層	貧困層
収入源	・月給 ・株などの配当 ・不動産収入 ・親の資産を相続	・時給 ・生活保護
育った環境	・塾や習い事 ・親が子に人生、仕事、お金について語れる	・家庭内に問題（暴力、依存症、家庭崩壊） ・親が人生、仕事について教えてくれない

能となる。

さらに両親が暴力を振るったり教育に無関心だったりするような家庭のために、幼児期からの教育支援を行うべきである。具体的には環境に問題のある子どもを優先的に長時間預かり、家庭以外の環境や人間関係に触れさせたり、努力して成功した大人の姿を見せることが挙げられる。これによって両親だけに育てられた場合とは異なる将来の夢や理想を抱くことができ、子どもの振る舞いや学習意欲にも変化が生まれると考えられる。

複数の居場所を持つだけでも救いになる。

20世紀、ソビエト連邦や中国、北朝鮮などの社会主義諸国は資本家（富裕層）を倒し、労働者たちの平等な国をつくろうと試みた。しかし競争のない社会では労働者のモチベーションが上がらず生産性が低下、国全体が貧しくなってしまった。

必ずしも「みんな平等」が正しいとは限らないのだ。

POINT 富の平均化よりも、最貧困層の救済が先決

▶民間への業務委託

これでサービスも採算もバッチリ？

問題 **自治体業務の民間へのアウトソーシングについて。**

ガッカリ答案

景気の低迷と人口減少による税収の減少によって自治体の財政が悪化している中、これまで行政が行っていた業務を民間企業やＮＰＯなどにアウトソーシングすることに私は賛成だ。公務員の働きはどうしても非効率的、事務的で赤字体質になりやすい。その点、民間企業なら効率的で採算の取れる運営や笑顔の接客サービスなど、行政にはできないことを実現してくれるに違いない。

笑顔くらい公務員でもできるだろう。

もっとも、民間への業務委託に問題がないわけではない。本来市民のためのサービスであった様々な事業なのに、それを営利目的にしていいのかという点だ。また大衆に迎合したサービスや宣伝によって品位がなくなるという心配もある。さらに、多くの業務をアウトソーシングしてしまったら公務員の仕事がなくなってしまう。

自分の心配より、業務上生じる問題を。

したがって、自治体業務のアウトソーシングにはある程度の制限が必要である。たとえば営利目的になりすぎないよう料金設定に上限を設けたり、サービスや宣伝も市民サービスとしての品位を汚さないものにするため事前に行政のチェックを受ける、そして公務員の仕事を奪わないようにアウトソーシングする業務の量を年度ごとに調整するなどである。このような節度あるアウトソーシングによってこそ、行政と民間のバランスのとれたコラボレーションが可能になり、真の意味での協働が実現するはずである。

「公務員と違って民間企業は儲けのプロだから、何でも黒字にしてくれるだろう」というのは単なる幻想。

東京商工リサーチ調べ!

実際、2013年だけで10,855社の企業が倒産している。「営利」企業といえど、「効率的な運営による黒字化」に失敗するリスクがこれだけ大きいということだ。

だからこそどこの会社も宣伝やサービス向上の工夫に必死なのであって、その必死さが「大衆に迎合している」からといって彼らの活動に制限を加えては、行政がやるのと同じくらいの成果しか期待できない。

行政からの業務委託といっても、民間企業はボランティアではない。彼らには存分に稼いでもらってこそ官民の協働が成立する。

ならば行政と民間企業の役割分担は「どの程度任せるか」という分量の問題ではなく、「何を任せ、何を任せないか」という分業の仕方が重要だということになる。

スッキリ答案

自治体の業務を民間に外部委託することのメリットは、第一に人材や予算に限りがあって行政では難しい業務を補うことができる点、第二に様々な規則との整合性が求められるため物事を変えるのに時間がかかる行政に比べ、迅速な対応ができるため市民のニーズに合わせたサービスをするのが容易である点、そして第三に市場競争の中で培った良質なサービスが期待できる点である。

役所の非効率にも理由はある。

段落を分けて実際にあった事例を挙げる。

たとえばデータ入力などの作業は既にアウトソーシングが進んでいる。これらの単純作業を外部に委託することによって、公務員は専門的な判断が求められる本来の業務に専念することができる。また近年では指定管理者制度によって図書館の運営を民間企業に委託する試みが話題となっている。これらの図書館では図書館にカフェや書店、レンタルショップなどを併設することによって利便性と親しみやすさをアピールし、実際に利用客の大幅な増加につなげている。

デメリットは事例と原因の二段落構成。

しかし、これらの外部委託に対して既にいくつもの問題点が指摘されている。たとえばデータ入力の外部委託では個人情報が流出するという事例があった。また図書館の民間委託では購入する書籍の内容が不適切だったり、地元の貴重な資料の収集や保存が「採算性」という理由で打ち切られるという事例が知られている。さらに民間企業の場合、業務全体として採算が取れないと契約を更新せず撤退する自由があることは行政や地域にとってのリスクとなり得るのである。

これらの問題が発生する原因は、第一に業務を民間に丸投げしてしまうことにより、個人情報や歴史的史料の保存という採算性とは別の次元で行政が守らなければならない部分まで民間企業に任せてしまったこと、そして第二に1社のみが受注することにより市場原理が働かなくなったことが挙げられる。民間企業のサービスの質は競争原理の中でこそ保証される。しかし

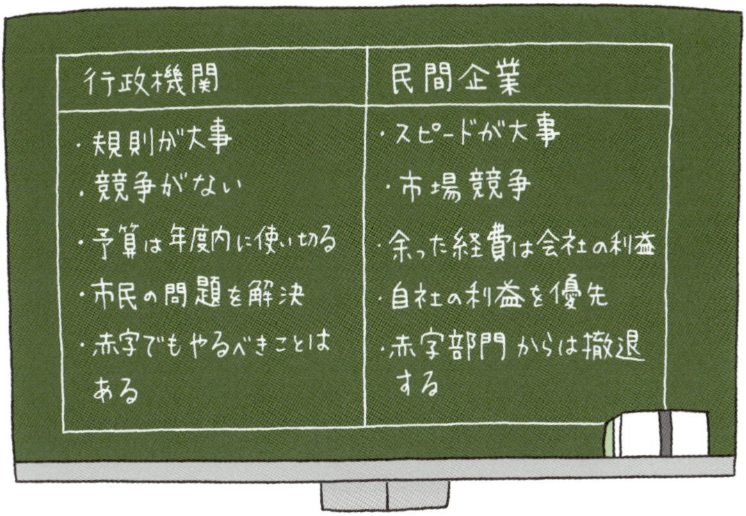
行政機関
民間企業
・規則が大事
・競争がない
・予算は年度内に使い切る
・市民の問題を解決
・赤字でもやるべきことはある
・スピードが大事
・市場競争
・余った経費は会社の利益
・自社の利益を優先
・赤字部門からは撤退する

1社が独占的に受注するという仕組みでは、受注したあとに仕事の質が低下しても競争で負ける心配はないのである。

したがってアウトソーシング先に質の高い仕事をしてもらうためには、第一にすべてを丸投げするのではなく、行政が守るべき部分は行政が管理する権限を保持する必要がある。たとえば図書館の外部委託では貸し出しや企画展などは民間に任せ、史料の収集や保存などは行政の担当とするなどの役割分担が必要である。

目の前にニンジンをぶら下げる。

そして第二に、1社のみに業務委託するのではなく2社以上に委託して競争させるべきである。そして契約更新のたびにそれまでの成果に応じてシェアが変動するようにすれば、行政からの業務委託であっても市場競争が生まれサービスの質も向上すると考えられる。

POINT! 行政の責任と民間企業の儲けを両立させよう

▶情報化社会

誰もがパソコンを使いこなす社会？

問題 **情報社会の進展は、利便性の向上やコミュニケーションの多様化など、人々のライフスタイルに大きな変化をもたらしています。こうした中で、誰もがいきいきと暮らせる地域社会を実現するために、情報通信ネットワークをどのように活用すべきかあなたの考えを論じなさい。**

ガッカリ答案

情報通信ネットワークを活用し、誰もがいきいきと暮らせる地域社会を実現する方策として、これまで郵便や広報誌によって伝達されていた行政からの情報をホームページや電子メールで発信することが考えられる。これによって紙代や郵送代などのコストが削減され、環境にも優しい社会を作ることが可能である。

これは役所の都合にすぎない。

しかし、このようなインターネット時代にはデメリットも存在する。その一つがデジタル・ディバイドすなわちパソコンやスマートフォンを使いこなせる人と使いこなせない人との間の情報格差である。これを解消するために、高齢者対象の無料パソコン教室を開いたり、住民にiPadを配布したりすることが必要だ。

せっかくの郵送代削減が吹っ飛ぶ。

また、セキュリティの問題もある。最近ではいわゆる「振り込め詐欺」の手口が電話からメールに移行しているという報道もあった。高齢者が被害に遭わないために、無料の防犯講座を各地で開催するなどして、ネット上で自分の身を守る意識を高めていきたい。こうした取り組みによって、誰もがいきいきと暮らせるネット社会が実現するのである。

定年を迎え、コタツでラジオを聞いて過ごすのどかな隠居生活。郵便受けに届く市報の裏のクロスワードパズルが唯一の趣味だったおじいちゃんが……。

ある日突然「市報はネットで閲覧してください」と言われ、パソコン教室で慣れないタイピングの猛特訓。さらに防犯教室に連れて行かれてネットの恐ろしさを吹き込まれ……。

ちょっとお年寄りに厳しすぎないか？

世の中には「デジタル機器を使いこなせる人」と「使いたいが使えずにいる人」と「使わなくても困らない人」がいる。パソコンがなくても幸せに暮らしている人に「あなたは情報弱者だから勉強してください」と言うのは余計なお世話だ。

設問の中にあった「誰もがいきいき」という漠然とした言葉に注目しよう。

「デジタル端末を使いこなせる人」だけを想定していたら「誰もがいきいき」にはならない。「誰もが＝すべての人」だとしたら、そこには「パソコンが使えない」あるいは「パソコンなんか必要ない」という人も含まれるはずだ。

極端なケースを考えると視点が変わる。

では「いきいき」とは具体的にいうと何か？

買い物が便利になるとか好きな動画が楽しめるという「メリット」は民間企業がやってくれるので行政が関与する必要はない。むしろ社会の中での不利益を取り除くことこそ、行政の仕事。

つまり、情報化社会における「誰もがいきいき」とは、いわゆる「情報弱者」と呼ばれる人々が情報通信ネットワークによって生活上の不利益を取り除いてもらえることだ。しかも「情報弱者」のままで。

スッキリ答案

抽象的なテーマは具体化する。

現在の施策の不十分な点を補完する。

行政による情報ネットワークの受益者は直接のインターネット利用者と、自らはインターネットを利用しない人に分類できる。たとえば高齢者や障害者でパソコンやスマートフォンを使うのが難しい人であっても、彼らの生活環境の改善にインターネットが役立っていれば間接的にインターネットの受益者と見なすことができる。「誰もがいきいきと暮らせる地域社会」を作るためにはこのような社会的弱者、情報弱者と呼ばれる人々を救済することが不可欠である。

現在ではどの自治体でも独自のウェブサイトを作り、住民が保育所や休日診療の病院を検索したり、各種手続きについて調べたりすることが可能になっている。また自治体から住民への防災情報メールが配信されたり、たとえば沿岸部では水位の情報も配信されるなど各地域の特徴に合わせた取り組みが行われている。

しかし、これらはすべて情報端末を使える住民が自ら自治体のウェブサイトにアクセスして得られる情報であり、このような手段を持たない、あるいは使えない住民へのメリットにはなっていない。つまり、一部のネット利用者が有益な情報を受け取れるという構図では、行政による情報発信がかえって住民間の情報格差を広げることになるのである。

以上より、行政による情報ネットワークの活用は、ネット利

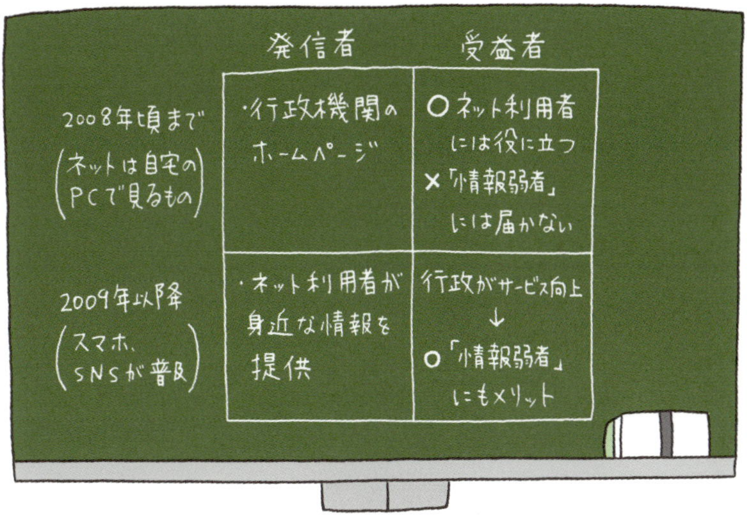

発信者
受益者
2008年頃まで
(ネットは自宅のPCで見るもの)
・行政機関のホームページ
○ネット利用者には役に立つ
×「情報弱者」には届かない
2009年以降
(スマホ、SNSが普及)
・ネット利用者が身近な情報を提供
行政がサービス向上
↓
○「情報弱者」にもメリット

用者のみを受信者・受益者とするのではなく、ネットを使えない社会的弱者・情報弱者が受益者となるように進めるべきである。そのために、ネット利用者に情報の受信者ではなく発信者として協力してもらうことが考えられる。たとえば道路や公園の遊具など公共施設の破損を見つけたときや、近所に住む高齢者に気になる様子が見られたときなど、小さなことを気軽に書き込める窓口をサイト上の目立つ場所に設置するべきである。さらに、書き込むまでの手順を簡単にすることによって情報を寄せる人の数も増え、それによって情報の正確さや公平性も維持されると考えられる。

千葉市の「ちばレポ」が先駆け。

POINT 「誰もが」＝パソコンを使える人も、使えない人も

▶待機児童問題

イクメンが増えれば解決する？

問題　**わが国が抱える重要課題の一つに少子化対策があります。しかし都市部における保育所の待機児童問題は解消されず、子育てを支援するさらなる取り組みが求められています。こうした問題の背景と、これからの行政のあり方について、あなたの考えを述べなさい。**

ガッカリ答案

今都市部では保育所不足が深刻だ。横浜市やさいたま市ではママさんたちによるデモが行われたほどだ。その背景にあるのは景気の悪化によって共働きせざるを得なくなった女性たちの存在だ。

しかし保育所を増やすのは簡単ではない。まず予算が足りない。そして保育所の建設に反対する近隣住民がいる。さらに景気がよくなったら保育所のニーズが減って待機児童ならぬ待機保育所が出てきてしまう。

専業主婦にも枠を広げればニーズはある。

さらに、夫が育児に非協力的なことも問題だ。いまだに世の中には「男が外で働き、女は家で子どもを育てるべき」という古い価値観が根強く、男性の育児休暇取得率は低い。

したがって、保育所を増やすことよりも男性の育児休暇を義務化することの方が急務である。そして、そもそも女性が働かなくても済むよう、景気を回復してお父さんたちの給料を上げることが必要だ。

思い通りにできたら誰も苦労しない。

働く必要のある母親の代わりに、誰が小さい子の面倒をみるかという問題だ。「父親」か「その他の親族（おばあちゃんなど）」か「第三者（保育所、ベビーシッターなど）」か。

男性の育児休暇の恩恵を受けやすいのは、いわゆるバリバリのキャリアウーマン。彼女たちは夫が休暇を取って給料が減っても、それ以上に稼ぐことができる。

でも、夫の給料では足りずパートに出なければならないという経済状況の家庭の場合、妻のパートのために正社員の夫が会社を休むというのは本末転倒だ。

！育児休業給付金は給料の50%

実際、一般的なサラリーマン男性にとって育児休暇は損失が大きい。休んでいる間の収入は減るし、仕事の手柄も取引先とのコネクションもライバルの同僚に奪われ、出世競争に出遅れてしまう。

男性の育児休暇が普及しない理由は「男性は仕事、女性は家庭」という価値観や「休暇申請しにくい職場の空気」だけではない。そもそも「働ける人が収入を犠牲にして育児をする」という仕組み自体に無理があるからだ。

その点、おばあちゃんに子どもを預かってもらうのはコストが少ない。会社員の夫と違って、暇なおばあちゃんは子どもを預かるために犠牲にするものがないからだ。

「じゃあ、おばあちゃんに育児を頼めば待機児童問題は解決だ！」

いやいや、みんなが毎日おばあちゃんに子どもを預けられるとは限らない。思い出してみよう、お盆や年末年始に飛行機や新幹線で「おばあちゃんの家」に帰省する人々の混雑を……。

現実問題として、「第三者に子どもを預けられる制度」はやはり必要なのだ。

スッキリ答案

都市部で待機児童が増えている背景には、第一に景気の悪化で共働きをせざるを得ない世帯が増えていること、第二に離婚率の上昇でシングルマザーが増えていること、そして第三に都市部では故郷を離れて転入してくる住民が多く、親族に子どもを預けることが難しいという事情が挙げられる。

一番困る人を考えるのが解決のコツ。

このうち早急に対策を立てる必要があるのは母子家庭である。共働き世帯ではたとえ妻が働けなくても夫の収入があるため生活できないわけではない。しかしシングルマザーは子どもを預けられなければすぐに収入が途絶え貧困に陥ることになる。その結果、生活保護の受給者も増えて財政を圧迫することにもつながるのである。また、母子がずっと二人きりでいることにより、育児ノイローゼや児童虐待といった問題の要因にもなっている。

子育て支援の施策として行政や企業が行ってきた取り組みの一つに、男性社員の育児休暇の推進がある。しかしこれは競争原理の働く職種では実現が難しい上、共働き世帯への支援にはなってもシングルマザーへの支援にはならない。したがって夫に頼るのではなく第三者に子どもを預けられる制度が必要である。

いわゆる「37.5℃の壁」。

また既存の保育所も、子どもが熱を出したら仕事を休んで迎えに行かなければならない上に、夜間や休日に預かってもらえる保育所は限られている。これが女性の仕事を大きく制限しているのである。

したがって、夫や親族の手を借りられない母親のために「い

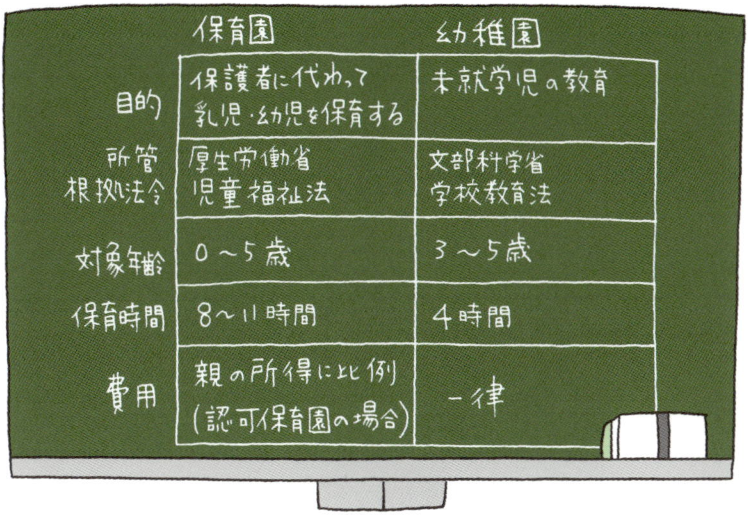

	保育園	幼稚園
目的	保護者に代わって乳児・幼児を保育する	未就学児の教育
所管 根拠法令	厚生労働省 児童福祉法	文部科学省 学校教育法
対象年齢	0〜5歳	3〜5歳
保育時間	8〜11時間	4時間
費用	親の所得に比例 (認可保育園の場合)	一律

つでも子どもを預けられる保育所」を増やすことが必要である。そのため第一に保育施設の設置場所を今よりも柔軟にすることが挙げられる。園庭や遊具などにこだわらず、駅前のテナントビルの一画などを利用すれば開設も移転も容易となり、住民のニーズに応えやすくなるはずである。また保育士不足も、既に引退した元保育士や子育て経験のある一般市民も参加できるようにすれば補うことができる。

認可外保育園に当たる。

平均月給22万円。介護同様、保育単価も公定価格。

そして第二に、24時間年中無休の保育園を増やし、園児が熱を出してもできる限り保育所で対処できるよう、近くの小児科医と連携をとるべきである。これによって親は仕事に専念でき、昇給や昇進も可能となる。

以上のような改革によって子育てが親の仕事や人生を妨げないものになれば、将来の不安から子どもを持つことを諦めている夫婦も希望を持つことができ、結果的に少子化に歯止めをかけることになると考えられる。

POINT 最も支援が必要なのは母子家庭

▶地域コミュニティ

昭和の下町風情を取り戻そう？

問題　地域コミュニティの活性化について、あなたの考えを論じなさい。

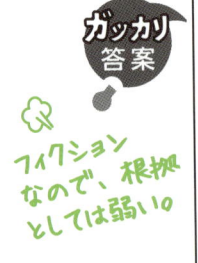

ガッカリ答案

地域コミュニティは住民が助け合って生活を営む大切な基盤である。映画「男はつらいよ」では古きよき下町の義理と人情が描かれていた。主人公・寅さんを中心に親族や近所の人々が繰り広げる笑いと涙の物語は、失われてしまった地域コミュニティへのノスタルジーとして現代の私たちにも訴えかけるものがある。

フィクションなので、根拠としては弱い。

昔は隣近所で「お醤油の貸し借り」のようなコミュニケーションが存在した。しかし現代社会では各家庭の玄関にはインターホンが設置され、茶飲み話をする縁側もなくなり、隣近所との気軽なコミュニケーションが奪われてしまった。その結果として「孤独死」「無縁死」と呼ばれる現象が生じている。かと思えば日本でも外国人コミュニティの増加という問題がある。たとえば江戸川区ではインド人が2000人を超え、一大コミュニティを形成している。

この問題をメインに書くべき！

外国人が多いこと自体は問題ではない。

何よりも大切なのは住民一人一人が地域への愛着を持つことである。そのためにも、公立の小中学校では社会の時間に地域のことを教え、道徳の時間には地域の助け合いの大切さとあたたかさを教えるべきである。それによって地元を大事にする住民が増え、町内会への加入率も上がると思う。

「地域コミュニティ」「地域との連携」「地域のサポート」「地域のふれあい」「地域で助け合おう」……。行政は「地域」という言葉

が大好きだ。

しかし、正直に胸に手を当てて考えてほしい。

みんな、そんなに「地域」が大好きだろうか？

むしろ「近所付き合いなんて面倒くさい」とか思っていないか？

「いやいや、公務員志望者としてそんなことないっす！　『地域の絆』大好きっす！」

こういう人はおそらく人間の本音を理解していない。

なぜ都会のマンションでは隣の住人の顔を知らないのか。お互い干渉されたくないからだ。

なぜカメラ付きインターホンが普及したのか。嫌な相手には居留守を使えるからだ。

なぜ個人商店が潰れてコンビニが流行るのか。店主と世間話をしなくても済むからだ。

「近代」の定義
・民主主義
・資本主義
・合理主義
・個人主義

人はつながりを求める一方で「個人の領域」を守りたい生き物でもある。そして「都市」とは地元のしがらみを捨てた不特定多数の人々が集まった場所を意味する。

このことを考慮しないで「昔ながらの濃密な近所付き合いを復活させよう」といっても、おそらくまちから人が流出するだけだ。

スッキリ答案

必要性とはそれがないと困ること。!

地域コミュニティには町内会や自治会のように制度化されたものから、ご近所付き合いやいわゆる「ママ友」のようなインフォーマルなものまで様々な形がある。このうち前者の制度的な地域コミュニティが特に必要とされるのは災害時である。組織的な消火活動や避難、そして被災後の炊き出しなどのケアは日頃から防災訓練や役割分担の話し合いがあってこそ円滑に行うことができるからである。

一方、後者のインフォーマルな地域コミュニティが有効なのは一人暮らしの高齢者などの社会的弱者へのサポートである。日頃から立ち話程度のコミュニケーションが機能していれば、近所の住人の小さな異変にいち早く気づくことができる。またいわゆるクチコミによって情報が地域の隅々まで行き渡ることもインフォーマルなコミュニティの重要な機能である。

1980年代
約70%
2012年
24.7%
(財団法人明るい選挙推進協会の調査)!

しかし、これらの地域コミュニティが成り立ちにくくなっているのが現代の社会である。たとえば制度的なコミュニティの一つである町内会は加入率が年々減少している。その原因として、第一に住宅地域と商業地域が分離しており生活の中心が遠く離れた職場になりがちであること、第二に町内会に加入するのはいわゆる持ち家の住人が中心であり、賃貸物件の居住者は含まれていないこと、第三に共同募金や道路の清掃、運動会の開催など町内会の活動を負担と感じ敬遠する人が増えていることが挙げられる。そして町内会が機能しなくなると、近所同士が顔見知りになってインフォーマルなコミュニティを形成するきっかけも少なくなるのである。

したがって、地域コミュニティを活性化させるためには第一に住民が地域に関心を持てるようなまちづくりを進めること、第二に町内会の組織と活動をよりオープンで軽いものにすることが考えられる。たとえば商業ビルの中に居住フロアを設けたり、商業ビルと住居用マンションを隣接させることによって

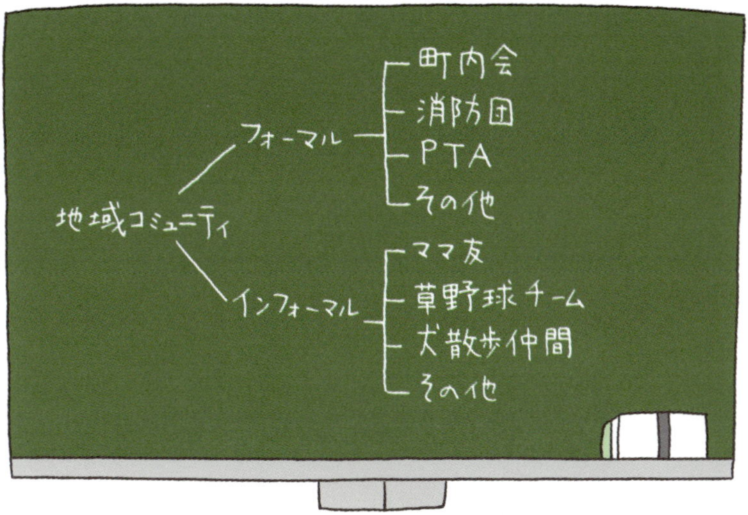

住宅付置制度。東京都港区などが導入している。

「歩いて通える」職住近接の街が実現する。これによって地域が公私ともに生活の中心となれば、治安や景観などの環境にも、周囲の住民とのコミュニケーションにも関心が高まるであろう。また町内会も年中行事的なイベントをやめ、必要なときにその都度ボランティアを呼びかける形にすれば、関心と時間的余裕のある人が参加しやすくなり、それ以外の人の負担は軽くなる。そしてこのような活動がきっかけとなり、関心や生活スタイルの合う住民同士がインフォーマルなコミュニティを作っていくきっかけとなるのである。

POINT 「近所付き合い」の面倒くささを解消しよう

▶働き方、労働観

ワークライフバランスで仕事も充実？

問題 いきいきとやりがいを持って働くことができる良好な職場環境を整える上で、あなたが重要と考える要素を検討し、その実現に向けた方策について論じなさい。　（裁判所一般職・27年度）

あくまでも仕事、職場の改善がテーマ。

ガッカリ答案

　働く人誰もが、いきいきとやりがいを持って働きたいと望んでいる。そのために大切なのが、ワークライフバランスだ。円満な家庭生活と十分な休息があってこそ、仕事にも集中することができ生産性が上がる。

　しかし実際にはワークライフバランスが実現できているとは言いがたい。長時間の残業や休日出勤も多く、男性の育児休暇取得はまだ少ない。子どもの授業参観や運動会に顔を出したことのない父親というのもいまだに珍しくはない。これで子どもとの関係が悪くなってしまっては、一体何のために仕事を頑張ってきたのかわからないではないか。

誰もが「家族第一」とは限らない。

　したがって、ノー残業デーの義務化や休日出勤の禁止など長時間労働を防ぐ取り組みが必要である。そして昇給や昇進の査定では何時間働いたかではなく、勤務時間内にどれだけ成果を上げたかを基準とするべきだ。また子どもの運動会など家族サービスをした人にボーナスを与えるなどのインセンティブも効果的である。これらの取り組みを行政機関が率先して行うことで、民間企業にも波及していくと考えられる。

やる気を刺激するための報酬のこと。

この答案は「休むこと」ばかり考えている。
もう一度問題文をよく読もう。「いきいきとやりがいを持って働

これはライフ・ライフ・バランス？

くことができる良好な職場環境」と書いてある。一般論としてはワークライフバランスももちろん大事だが、今回の答案としては「仕事そのものを充実させる」方法について論じなくてはならない。「オフタイム」ではなく「オンタイム」の話が先だ。

実は「働く人」には二つのタイプがいる。

「働いた時間分の賃金をもらうべき」と考える人と「成果を上げた分の報酬をもらうべき」と考える人。

「指示されたことに従うだけ」の人と「全体を見渡して指示を出せる」人。

「ノルマをこなせばいい」と考える人と「付加価値を生み出そう」と考える人。

「職場からもらえるもの」を考える人と「職場に貢献できること」を考える人。

年功序列、終身雇用制の時代は前者の「グータラ社員」も大目に見てもらえたが、成果主義の時代になるとこの差が「所得の格差」として顕在化してしまった。

大卒・正社員でも前者の働き方ではリストラ・出向・左遷候補になってしまうし、高卒・非正規雇用でも後者の働き方をする人（「プロ意識のある人」ともいう）なら正社員化や昇進・昇給のチャンスに恵まれるものだ。

スッキリ答案

「やりがい」は抽象的なので具体例を挙げる。

従業員による異物混入事件や個人情報漏洩事件、アルバイトによる不適切なツイッター投稿など、働く人間が職場を危機に陥れる事件が相次いでいる。また職場のストレスを抱え込んでうつ病を発症する人の増加や、若者の離職率の高さも問題となっている。現れ方は異なるものの、これらの風潮に共通するのは仕事や職場で充実感を得ることが難しくなっているという現実である。

最も重要な問題に絞ると解決しやすい。

仕事で充実感を得るために必要なのは、第一に仕事そのものに面白さや達成感を味わえること、第二に職場の人間関係が良好であること、第三に必要な休息が得られ継続的に働くことができること、そして第四に私生活も安定し情緒面でも将来の人生設計の面でも不安なく仕事に打ち込めることである。このうち重要なのは仕事の達成感と職場の人間関係である。これらが損なわれてはワークライフバランスも単なる逃避にしかならないからである。

近年になって仕事の達成感と職場の良好な人間関係が失われている原因が、生産性の過度の追求と仕事の細分化である。効率化のために分業が進むと、自分の仕事が組織や社会にどのような貢献をしているか見えなくなる。そのためやりがいも責任感も持つことができない。さらにマニュアルに従うばかりで自分で判断や工夫をする余地がないことも、毎日の仕事を自分の成長やスキルアップにつなげることを妨げている。

またノルマ達成のプレッシャーがパワハラや職場いじめに発展するケースも多い。長期的に部下を育てるという観点からは明らかに間違ったやり方であるが、目先の成果を出させるため社員を追い込んでしまうのである。以上のように組織の運営方

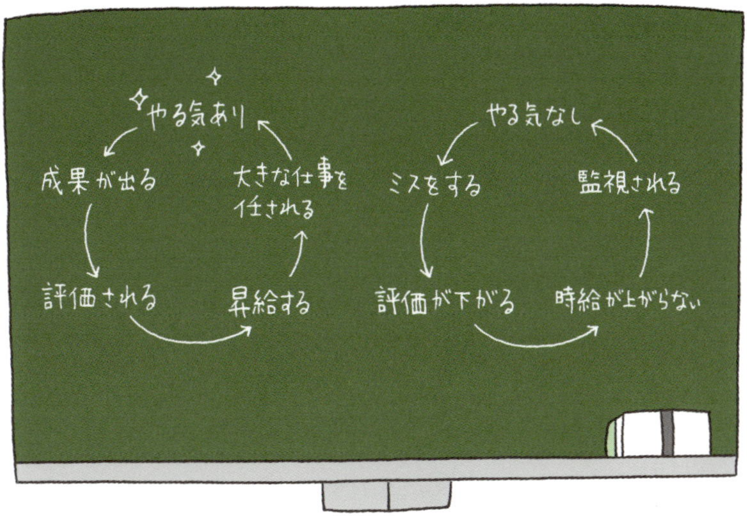

株式会社では株主が黒字決算を求める。!

針が短期的な成果を求めると、末端の社員や職員がやりがいを奪われるのである。

したがって、誰もがやりがいを持って働ける環境を作るためには、組織の方針に長期的な成長を加えることが必要である。具体的には、まず成員にある程度の裁量権を与えて広い範囲の業務を任せること、そしてその成果が報酬などの形でフィードバックされることが必要である。これによって自分の仕事の位置づけがわかり、組織に発生する問題を自らの問題と考えることができるようになる。

! ストックオプションという方法も。

また、日々の仕事の中で部下を育てるコーチングの技術を上司が学ぶことによって、根性論や責任の押しつけではなくスキルアップによる業績の向上を図ることができる。これらの取り組みは一時的に業績を停滞させるかもしれないが、問題行動や退職などによる損失を防ぐため長期的には組織の利益になる投資だと考えられる。

POINT! 仕事人生を左右するのは「休息」よりも「プロ意識」

▶現代の若者像

「草食系男子」を肉食化するには？

問題　**近年、安定志向の若者が増えていると言われているが、そのことについて考えるところを述べよ。（愛知県・23年度）**

ガッカリ答案

公務員志望者が多いのは「問題」か？

「安定」とは努力しないこと？

　近年、安定志向の若者が増えている。私もこの意見に賛成である。現に私のクラスでは８割以上が公務員を志望している。不景気の中、民間企業への就職活動をし、就職後もグローバルな競争にさらされるよりは、安定した公務員の方がいいという判断なのだろう。しかしクラスの８割というのは多すぎるのではないか？

　なぜ近年の若者が安定志向になったかというと、少子化とゆとり教育の影響である。子どもの頃から厳しい競争にはさらされず、あまり勉強しなくても推薦入試で進学できた。学校では教師の体罰が禁止されているので安心である。このようなぬるま湯の状況が、ハングリーさに欠ける「草食系男子」を生み出したのである。

　したがって、若者の安定志向を変えるために学校での体罰を一部解禁し、子どもたちに社会や人生の厳しさを教えるべきである。そして楽な推薦入試も廃止し、勉強しなければ落ちこぼれるという危機感を持たせる必要がある。また公務員志望者も一度は民間の就職活動を経験することを義務化すれば、単なる安定志向の公務員ではなく民間の厳しさを知った公務員が育つのではないだろうか。

「ゆとり教育→草食男子→公務員志望」というロジック。公務員も

安く見られたものだ。

でもそんなに卑屈にならないでほしい。何十社でもエントリーできる民間の就活と違い、公務員志望者が受験できる枠は数が限られている。そこに勝負をかけているのだから、安定志向どころか十分ギャンブラーではないか。

「現代の若者像」のようなテーマは受験者にとって身近で書きやすそうに思えるかもしれないが、書きやすいからこそ論点を間違えては命取りになる。

「安定」の逆、「不安定」を考えよう。

まずは「安定志向」という抽象的なキーワードを具体化しよう。株に手を出さないことなのか、絶対受かるレベルの大学を受験することなのか、お見合い結婚を選ぶことなのか。

そして最初から「安定志向＝悪」と決めつけないこと。実際、「安定した仕事に就きなさい」とは親がよく言う台詞ではないか。ならば問題は安定志向そのものではなく、「安定」の名の下に何か不利益を被っている人の存在ではないだろうか。

スッキリ答案

抽象的なテーマはまず定義！

若者の安定志向とは、起業家やアーティスト、スポーツ選手など失敗のリスクの大きい道を選ぶのではなく、大企業や公務員など終身雇用に近い組織を選ぶ傾向のことである。これを肯定的に見ると、第一に近年の若者が自分の能力や適性を客観視し現実的に物事を考えるようになったという意味、第二に高望みをしなくても必要なものが手に入るほど物質的に豊かになったという意味で、日本社会の成熟を示していると考えられる。また失敗して破産したり職を失う若者が減ることは社会の安定にもつながるため、安定志向そのものを一概に否定するべきではない。

社会全体にとっての不利益を。

しかし若者の安定志向には、新しいビジネスや文化が生まれにくくなるというマイナス面もある。技術や文化における日本の優位性を維持するためには、失敗の危険を冒してでも新しいことにチャレンジする若者の厚い層が常に切磋琢磨していることも必要である。つまり失敗を避けて安定を求める若者が増える風潮は、将来的に日本の国力の衰退につながりかねないのである。

今の就職の制度なら変えられる。

若者の安定志向を強めている原因として考えられるのが、一度失敗し社会から脱落すると復帰するのが難しい仕組みである。それを端的に示すのが大学生の就職活動の激しさである。百社近い企業にエントリーしたり、内定が取れないことを苦に自殺したりする学生がいるのは、新卒で就職できないと正社員として企業に所属できる可能性が低いからである。起業家やアーティスト、スポーツ選手などを目指した人が数年後に失敗したり諦めたりした場合は正社員として就職するのはさらに難しいことになる。このように「成功するか、すべてを失うか」という極端な二者択一がリスクを回避する安定志向をさらに強めているのである。

したがって、日本が今後も新しい文化や技術、ビジネスモデ

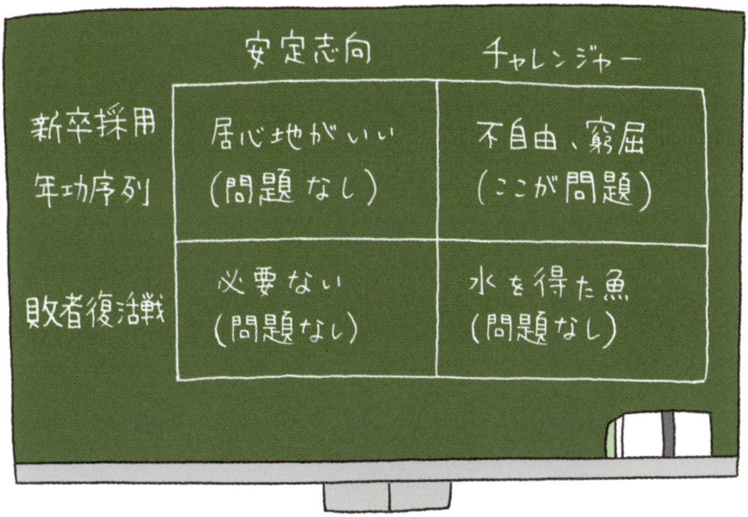

ルを生み出し続ける社会であるためには、新しいことにチャレンジして失敗しても社会に復帰したり再チャレンジしたりしやすい仕組みを作るべきである。具体的には企業が従来の限定的な中途採用の枠を改め、新卒と経験者、そして一旦退社したが復職を希望する者を区別しない採用枠をもっと取り入れるべきである。これにより、何かにチャレンジした経験を評価したい企業は学生時代のサークル活動などよりも本格的なチャレンジ経験の持ち主を獲得することができる。志願者にとっては失敗してもそれまでの努力をまったくの無駄にせずに済む。このような制度があれば、新卒の若者だけでなく会社員や公務員が人生の途中で夢や志を抱いた場合も、組織を離れてチャレンジすることが容易になるのである。

POINT! 牙を抜いてしまう社会の構造を見抜こう

コラム

反論を怖れるな

「でもやっぱ、『解決策を提案する』って怖いですよ。自分まだ未熟な学生だし、間違ったこと書いたら反論されそうで……」

本書をここまで読んでも、こういう不安が拭えない人もいるだろう。

それは「意見」を「正解」と勘違いしているからだ。

日本の小学校では先生に当てられたら「正解」を答えなければならないが、そもそも「意見」とは「賛成と反対が成り立つもの」。誰からも反対されないのは「何も言っていないのと同じ」なのだ。

総理大臣だって、何か一つ意見を言ったら国民の半分に反対されるではないか。その反対の声を拾って議論を前に進めるのが健全な民主主義国家というものだ。為政者に対し誰も反対しないどこかの国と比べてみよう。

もう一つ、公務員試験で反論を怖れなくていい理由がある。

それは、論文試験がそもそも「不完全な提案」しか求めていないという事実だ。

事前にテーマの告知もせず、その場で調べる手段も与えず、制限時間の中、制限字数内で書かせる。これで「完全無欠な正解」を要求したら、その方がどうかしている。

求められているのは、いくつもの制約の中で「論理的に筋の通った解決策」をひねり出すこと。

豊富な情報をじっくり精査して「より実現可能な提案」をするのは、実際に現場に入ってからだ。

第3章

デキる公務員になるための問題解決メソッド

ただでさえ試験科目が多くて忙しい公務員試験受験者。
論文試験の方法論くらいは簡単に覚えられるものがいい。
学校では教えてくれない世界一シンプルな問題解決メソッド、
「ミニマルシンキング」を伝授する。

問題解決には順序がある

「お腹が痛いんですけど……」

「腹痛ですか。じゃあ胃薬でも出しときますね。お大事に〜」

ちょ、ちょっと待った！

もしその腹痛が変なものを食べたせいなら胃薬でいいだろう。

でも、もしも腹痛の原因が盲腸だったら？

あるいはまさかの陣痛だったら？

胃薬を与えてバスで帰らせたら大変なことになる。

まずは「痛みの原因は何なのか」を突き止めよう。どの薬を処方するかはその後の話。

「問題提起→原因分析→解決策」

これが問題解決の正しい順番だ。

「問題発生？！→あわわわわ解決策、ポン！」という短絡的な「解決策」は解決どころか逆効果になりかねない。

上の例はヤブ医者の「たとえ話」だが、現実の社会でも短絡的な解決策で話がこじれた事例は山ほどある。

ケース1 某県の学力テスト騒動

2013年、全国学力テストの「国語A」という科目で某県の小学生が全国最下位だったことに知事が激怒。「最下位の学校の校長の名前を公表する」と言い出して大きな話題となった。

つまりこういう理屈だ。

原　因「教師の怠慢、意識の低さが原因だ」

解決策「教師のやる気を引き出すために罰を与えよう」

ところが現地に行ってみると、この地域には独特の事情があることがわかる。

自動車工場を中心とした工業地帯で、中南米から来た外国人労働者の子どもたちが地元の公立学校に多数通っているのだ。

彼らの多くは「家では両親とスペイン語（またはポルトガル語）、学校では日本語」というややこしい生活をしている。日本語を習得するにはどう見ても不利な環境だ。

スペイン語のテストなら全国1位かも。

もしそうだとすると、次のような解決策も考えられる。

原　因「外国人の子どもたちが日本語を習得しにくいからだ」
解決策「彼らを対象に日本語教育の支援をしよう」

もちろんこの仮説も検証が必要だ。（第5章参照）

原因を「教師の怠慢、意識の低さ」に求めるか「外国人労働者の多い地域性」に求めるかによって、出てくる解決策はまったく異なるものになる。

もし本当に「出来の悪い学校の先生に罰を与える」という方式を採用したら、現場の先生たちはどう考えるだろう？

「外国人の子がいるクラスは担当したくない」

「外国人の子どもは学力テストから排除しよう」

本来支援すべき対象が、差別の対象になりかねないのだ。

ケース2 被災地の防潮堤問題

東日本大震災で津波の被害にあった岩手・宮城の沿岸部でずっともめているのが「巨大防潮堤問題」。

２万人もの犠牲者を出したあの悲劇を繰り返さないために、コンクリートの巨大な壁を造って街を守ろうという計画だ。

ところが地元の住民からは反対の声が上がっている。

「海に出られなければ漁業ができない。海が見えなければ観光客も来ないじゃないか！」

たしかに何十年後、何百年後に大津波から街を守れたとしても、その頃には、街の産業が衰退して誰も住んでいないかもしれない。これでは何のための「復興」だかわからない。

！同じ問題は1993年奥尻島の津波でも。

かといって「防潮堤を低くして、３メートルにしよう」では、不便さは相変わらずだし、ちょっとした津波からも街を守れない。どっちつかずの中途半端な折衷案は、結局みんなにとってマイナスになってしまうのだ。

ならば防潮堤の代わりに、高台までノンストップで逃げられる陸橋を何本も造ったらどうか？（右ページイラスト）

これなら建物は流されても住民の命は助かる。しかも次の津波までの間、漁業と観光業を犠牲にすることはない。むしろ立派な道路ができたら物流が便利になりそう。

そもそも建物が壊れることが問題なのか、人の命が失われることが問題なのか。そもそもの問題提起（事業の目的）を取り違えると、途方もない税金の無駄遣いと取り返しがつかない地域の荒廃を招い

！本書と本章を書いた一番の理由だ。

てしまう。

ガッカリな解決策しか浮かばないとき、「何か解決策ぅぅぅ」と頭をひねっても答えは出ない。むしろその前の原因分析が間違っていたり、そもそもの問題提起がズレていたりするものだ。

この章では「問題提起→原因分析→解決策」の順を追って、ガッカリ思考を回避しスッキリ思考をする方法論を紹介する。

これは思考の基本でありながら、日本の学校では教えてくれない。論文対策でこういう「思考法」を学ぶ人も本書の読者以外にはほとんどいないだろう。

だからこそ、大きく差をつけることができる。

もう「お役所仕事ｗｗ」とは言わせない。ワンランク上の問題解決を身につけ、「デキる公務員」としてデビューしよう。

POINT！ 「問題提起→原因分析→解決策」の順番を守ろう

それって、問題ですか？

問題 「公共の場でのマナー」について、問題提起しなさい。

ガッカリ答案

電車の中で化粧をする女性は見苦しい。携帯電話の話し声も迷惑だ。優先席に堂々と座っている若者も非常識だ。挙げ句の果てには人目もはばからずホームのベンチでイチャイチャする高校生カップル。日本人の美徳はどこへ行ってしまったのだろう。本当に嘆かわしい。

この人数が「説得力」の指標となる。

「別に、どうでもいいじゃん」と思う人は何人くらいいるだろう？

電車内で化粧をする女性を見て「見苦しい！」と怒る人もいれば「働く女性は忙しいんだな。頑張れ！」と心の中で応援する人もいるかもしれない。

携帯電話の話し声を「うるさい」と感じる人もいれば、他人の会話に聞き耳を立てて面白がっている人もいるかもしれない。

優先席に若者が座っていても他の席の人が譲ればいいだけだし、あるいはおばあちゃんが「ここ、いいですか？」と一声かけたら気づいて譲ってくれるかもしれない。

イチャイチャする高校生カップルに「破廉恥だ！」と怒る人もいれば興味津々で見ている人もいるかもしれない。

「見苦しい、不愉快、うるさい、不公平、非常識、不謹慎、面倒くさい」という「気分」は人によって感じ方が異なる。

そのため自分が「不愉快だから問題だ！」と主張しても、他の人は「別に、どうでもいいじゃん」と思うかもしれないのだ。

説得力のある問題提起をするには原則がある。

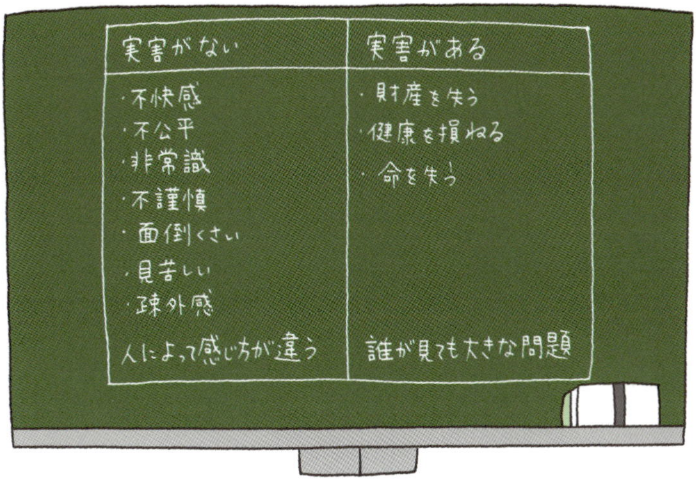

それは「実害のないことで騒がない」こと。
「実害」とは誰かが目に見える何かを失うことだ。具体的には財産や利益を失う、健康を損ねる、命を失うこと。
車内のお化粧を気にしない人でも、「君のお金が盗まれても、気にしない」とは言えない。携帯電話の話し声に寛容な人でも「君の命が奪われても、関係ない」とは絶対言えない。仮に思ったとしても、口に出して言ったら人間性を疑われる。
人の命かお金に関わる問題提起には、誰も反論できないのだ。
問題提起をするときは、自分の「気分」ではなく誰かの「実害」を探そう。

スッキリ答案

インフルエンザの季節に、バスや電車の中でマスクもしないで咳やくしゃみをする人がいる。高齢者や妊婦などに感染すると命に関わる恐れがあるし、サラリーマンが感染した場合は会社を休んで経済的損失が発生する。うっかり忘れてきた人のためにマスクの車内販売をするべきだ。

実害はビジネスチャンスにつながる。

POINT! 実害のないことで騒がない

それって、誰にも実害のないことですか？

ガッカリ答案

飛行機の機内で赤ちゃんが泣いていることに文句を言う著名人がいた。赤ちゃんは泣くのは当たり前で、少々うるさいかもしれないが誰にも実害は与えていない。したがって赤ちゃんの泣き声は問題提起に値しないし、こんなことで母親を責めたり乗務員にクレームをつける方が間違っている。

実害がないのにブログに不満を書いた著名人を、これまた何の実害も被っていない通りすがりの読者が批判して炎上するという、ネットではよく見る光景。

しかし「機内の赤ちゃん問題」はまったく問題提起に値しないのだろうか？

たしかに単に「うるさい」だけであれば、それは「隣に座っている私」の気分でしかない。

立場、視点を変えてみよう。

しかし航空会社や空港（国や自治体が出資して、公務員も当事者になる場合がある）の関係者の立場で考えれば、こういう問題提起が可能だ。

スッキリ答案

飛行機の機内で赤ちゃんが泣くと他の乗客に迷惑をかけたりクレームをつけられたりするため、飛行機を諦めてマイカーで帰省や旅行をする家族連れが増えている。彼らのために「赤ちゃん優先便」と「ビジネスマン優先便」を分けて運行すれば、ファミリー客を飛行機に呼び戻すことができると考えられる。

パッと見て「自分」に実害がなさそうでも、その「不快感」や

「イライラ」を簡単に捨てる必要はない。どうしても問題提起したければ「自分以外」の立場をあれこれ想定して、誰か実害を被る人を見つければいいのだ。

利用者、生産者、経営者、従業員、視聴者、通行人、○○を持っている人、持っていない人、△△に属している人、属していない人……いろいろな人を主語にしてみると、「私」には思いも寄らなかった不利益や損害や危険が出てくる。

半径2メートルの中では見たことのない、いろいろな立場の人が行き交う世界、それを「社会」という。社会というのは最初から自分とは利害の異なる人が集まっている場所なのだ（これに対し自分の知っている人、利害の合う人しかいない世界を「身内」と呼ぶ）。

嫌な人とも握手できてこそ社会人。

つまり「社会人になる」ということは、自分とは利害の異なる人の存在を想定できることだと言える。

問題提起に行き詰まったら「主語」を変えてみよう。半径2メートルの発想を超えられるはずだ。

POINT! 主語を変えて考えれば、実害のある人が見つかる

原因を
人の心に求めない

ガッカリ答案

ごみの分別がきちんとされていない。これは環境に対する意識が低いからだ。もっと私たち一人一人がリサイクルを心がける必要がある。そのために、「地球に優しく、ペットボトルはリサイクルに」という貼り紙をしてみんなに呼びかけよう。

効果があるのはどっちだろう？

スッキリ答案

ごみの分別が正しく行われていない。これはペットボトルのごみ箱が離れた場所にあり、しかもふたを開けないと入れられない仕組みだからだ。燃えるごみと同じ場所にふたのないごみ箱を設置しよう。

解決策の中でもあまり効果が期待できないのが「一人一人が心がけよう」「意識を向上させよう」「呼びかけよう」「貼り紙をしよう」の類いだ。

なぜなら、人間の心は変えられないから。

勉強する気のない子どもに「やる気を出せ！」といくら叫んでもやる気は出ない。

それよりも、子ども部屋からテレビとゲーム機を撤去して、いつかやる気が出たときに何にも誘惑されず勉強できる環境を作ってあげる方が合理的だ。

あるいは大学入試の問題集が難しすぎてやる気を失っているのであれば、中学レベルの問題集を買ってみるという方法もある。できる問題から始めると勉強が面白くなるというのはよくあることだ。

人の心を直接変えることはできないが、モノや仕組みなら変えることができる。

ここでいう「心」には、気分、感情、道徳心、価値観、いわゆる「空気を読む」の空気などが含まれる。これらは「目に見えない」。

これに対して「仕組み」とは、構造、デザイン、機能、手順、場所、ルール、値段など、何らかの形で「目に見える」ものを指す（ルールは物体ではないが、どこかに文字で書いてある）。

仕組みに責任転嫁するのが正しい！

問題解決のコツは、変えられないものを変えようとしないこと。原因を考えるときも人の心ではなく仕組みのせいにするのが合理的だ。

人の心に原因を求めようとすると、「悪い子」を前提にしてしまう。しかしごみの分別にしても駐車違反にしても、必ずしも「悪い心」があるからルールを破っているとは限らない。

本当は「いい子」なのに、やむを得ない事情があったり単にうっかりしているときもある。そんな「いい子でもやってしまうケース」を考えれば、仕組みの問題が浮かび上がってくるはずだ。

POINT 「人の心」ではなく「仕組み」のせいにする

過去を悔やんでも解決しない

問題　**東京の交通事情について。**

ガッカリ答案

首都高速道路が慢性的に渋滞しているのは、1964年の東京オリンピックに間に合わせるため土地を取得する暇がなく、道路や川の上に無理やり造ってしまったからだ。だから当時の日本政府と東京都、そして日本オリンピック委員会に責任がある。

過去の経緯
現在の事情
どちらも
「原因」
だが…

で、今さらどうしろと？

原因を分析するときやってしまいがちな間違いが、「なぜそうなったのか」を考えてしまうこと。

何十年も前の政府の決定が悪かったからといって、タイムマシンで当時に戻ってやり直すわけにはいかない。当時の責任者を連れてきて「どうにかしろ」と言っても、彼らが直せるわけでもない。

本当の問題は、当時のやり方に無理があったために「現在でも不便な部分が残っていること」ではないか？

渋滞中のドライバーは半世紀も前の政策決定に引っかかっているのではない。現在の不便な構造に引っかかっているはずだ。

スッキリ答案

首都高速道路が慢性的に渋滞しているのは、他の高速道路と異なり出口への分岐が右や左とまちまちであるため頻繁に車線変更と割り込みが行われることと、片側一車線の部分が多く通行量が制限されることが原因である。首都のインフラとして地方や海外からのドライバーでも迷わず利用できるよう、道路幅の拡張と左側分岐への統一を順次進めていくべきである。

地元民しか
使えない
首都高速って…

過去の事実は変えられない。でも、今目の前にあるものは変えられる。

テストで赤点を取った高校生が「夏休みに遊びすぎたからだ」と悔やんでも、過ぎた夏には戻れない。でも「仮定法を理解していないからだ」と気づけば次のテストで挽回できる。

肺がんになってしまった人が「若い頃タバコを吸いすぎたからだ」と悔やんでも病気は治らない。彼が考えるべきなのは「なぜ、今飲んでいる抗がん剤が効かないんだろう？」だ。

「なぜこうなったのか」を考えても犯人捜しになるだけで、問題解決にはならない。

誰かを叩きたい感情は抑えよう。

「なぜ今うまくいかないのか」なら犯人捜しは棚上げになっても、目の前の問題を解決することができる。現実的なのはこっちだ。

POINT !

「なぜそうなったか」より
「なぜ今うまくいかないのか」

罰則より クールな解決策

某県内のある高校で実際にあったケース。

「この学校の問題点」というテーマで小論文を書かせたところ、ある生徒が「うちの生徒はマナーが悪い」と書き始めた。

マナーといっても「言葉遣いが荒い」のか「食べ方が汚い」のかはっきりしないので聞いてみると、

「みんな赤信号を平気で渡る」

その学校の正門は大きな幹線道路に面していて、大型トラックもガンガン行き交う。この正門前の横断歩道で「みんな赤信号を平気で渡る」というのだ。

まずは問題提起を正しく。

それは命に関わるね、重大な問題だね。

「解決策考えました！『赤信号を渡るのを校則で禁止する』」

隣の生徒に尋ねると、今まで何度も「禁止令」は出されているらしい。

「じゃあ、トイレ掃除とかのペナルティーを与える」

「違反した生徒の名前を廊下に貼ってさらし者にする」

「恐い先生が竹刀を持って横断歩道を見張る」

「信号無視したら留年決定」

羞恥心や恐怖心に訴えている。

だんだん罰則が過激になってきたぞ。君たち、明日はわが身ってわかっているのか？

「そもそも、どうして赤信号なのに渡るわけ？」

「いや、違うんですよ。渡ってるうちに赤になっちゃうんです」

おや、話がちょっと変わってくるね。問題は「赤信号なのに渡り始める」ではなく「渡っていると赤になる」。

「生徒が多すぎて、青信号のうちに渡りきれないんですよ。前の人

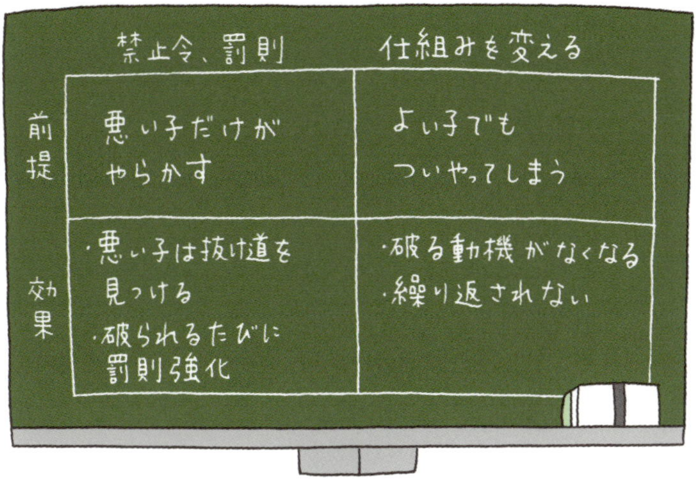
禁止令、罰則
仕組みを変える
前提
悪い子だけが
やらかす
よい子でも
ついやってしまう
効果
・悪い子は抜け道を
見つける
・破られるたびに
罰則強化
・破る動機がなくなる
・繰り返されない

がつっかえてるし……あっ」

　お、問題の核心に迫ってきたぞ。解決策、出るか？！

「横断歩道の幅を広げる」

　そっちかー！

　もうちょっとお金のかからない方法はないかな？

「じゃあ、青信号の時間を延ばすとか？」

費用対効果の高い解決策を選ぼう。

　そして翌年の春。

　この横断歩道では本当に青信号の時間が延ばされた。

　行政が調査した結果（近隣住民からの苦情が寄せられていたらしい）、やはり渡る人数と青信号の時間が釣り合っていないという結論に達し、朝の通学時間帯だけ青信号を長くすることになったという。

　何も特別なことをしたわけではない。原因を「安全意識」ではなく「信号」という仕組みに求めただけだ。これだけで、誰でも専門家と同じレベルの解決策を生み出すことができる。

POINT！ 仕組みを変えれば罰則は必要ない

ペンギンのために木を植えるな

ガッカリ答案

地球温暖化で南極の氷が溶け、ペンギンたちが住む場所を失いつつある。地球温暖化を防いでペンギンたちを救うため、森に木を植えよう。

森に木を植える→木が二酸化炭素を吸収しながら大きくなる→大気中の二酸化炭素濃度が下がる→大気の温度が下がる→南極に再び氷が増える→ペンギンたちが喜ぶ。

……って、一体何十年かかるの？

ペンギンの寿命は20年前後。

地球全域に何千本植える必要があるの？

むしろペンギンたちをもっと住みやすい場所に引っ越しさせた方が早くないか？

木を植えるのも長期的には大事なことかもしれないけれど、目の前の課題を忘れてはいけない。

この「ペンギンのために木を植えよう」と同じような思考の解決策が「小学校のうちから教育しよう」だ。

「環境問題が大変だ。小学校でリサイクルの大切さを教育しよう」

「投票率が下がっている。小学校で選挙の大切さを教えよう」

「日本人は英語が苦手だ。小学校でネイティブの発音を教えよう」

「テロや戦争が問題だ。小学校で命の大切さを教えよう」

何のテーマが出題されても毎回「小学校のうちから○○を教えよう」という解決策に落ち着いてしまう受験者は多い。

実のところ、効き目もあまりない。

しかしよく考えてみると、効き目があるのは小学生だけで、世の中の大部分を構成している大人には何の影響もない。それにこの小

復唱！
リサイクルは大切です！
命も大切です！
ビシッ

学生たちが大きくなって社会を変えてくれるまで、あと何十年待たなければならないのか。

この「小学校のうちから教育しよう」という発想は、「子どもの頃に意識を高めておかなかった」ことを原因にしている。

人の心と
過去の事実は
変えられない。

まさに「過去」と「心」という、原因分析で避けるべき二大落とし穴にはまっているのだ。

「現在」の「大人たちの行動」を決めている「仕組み」を考えよう。

環境を汚す企業には彼らなりの損得勘定があるし、投票に行かない大人たちにも彼らなりの優先順位がある。テロの実行犯にだって彼らなりの事情もあれば、そこまでエスカレートさせてしまう社会の仕組みがあるはずだ。

もちろん大人の事情は複雑なので、一晩で解決するのは難しいかもしれない。しかし、だからといってそこから目を背けて「小学校のうちから洗脳すれば万事解決」というのは現実逃避でしかない。

POINT 「小学校から洗脳しよう」で社会は変わらない

社会問題の９割は「ジレンマ」だ

「地球温暖化対策は必要だ」⇔「産業も発展させなくては」
「ごみ処理場の建設が必要だ」⇔「近隣住民が反対する」
「関税撤廃で工業は喜ぶ」⇔「国内の農業は打撃を受ける」
「社会福祉を手厚くしろ」⇔「財源が足りない」

世の中の問題の９割は「こちらを立てれば、あちらが立たず」というジレンマでできている。「社会」というものが「立場の異なる不特定多数の人々の集まり」である以上、あちこちで利害が対立するのはしかたがない。

二者択一でも半端な折衷案でもなく。

このジレンマに折り合いをつけることこそ、行政の腕の見せ所といえるだろう。

ジレンマ問題を解決するポイントは「具体化」。

具体化とは「誰が、いつ、どこで、なぜ、どのように、何をする」という、いわゆる「５Ｗ１Ｈ」をハッキリさせることだ。

数字と客観的事実で表す。

たとえば「近隣住民が反対する」というのはまだまだ抽象的。「半径500メートル以内に住む人のうち12人が悪臭で健康被害を訴えている」のと「隣接する３町村の農家100軒が風評被害を受けている」のとでは反対している人もその理由もまったく異なる。当然、行政の取るべき対応もそれぞれ違ったものになるはずだ。

具体的にすると問題が細分化され、解決の糸口が見えてくる。

逆にいうと、大ざっぱに抽象的な議論をしているうちは何も解決されないということだ。

たとえばＴＰＰ問題。

「工業は輸出で儲かるが、農業は外国産作物に押されて損する」のように「工業」「農業」と括っているうちは折り合いはつかない。

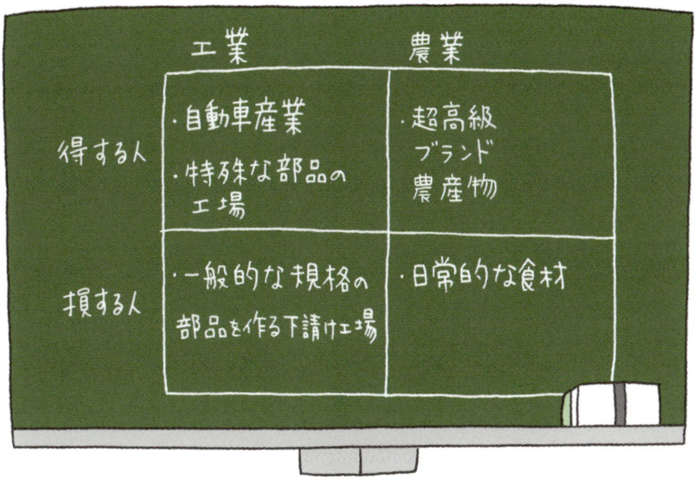

結局「農家に損失補填の補助金を配ろう」「完全自由化ではなく、部分的な緩和でお茶を濁そう」になってしまう。

貿易の自由化で工業のすべてが儲かるだろうか？

自動車会社はウハウハかもしれない。しかしネジを作っている町工場などは外国製の安いネジに負けてしまうかもしれない。

一方、すべての農家が関税撤廃で潰されてしまうのか？

庶民が毎日食べる野菜は既に外国産との競争にさらされている。しかし高級米「魚沼産コシヒカリ」や高級サクランボ「佐藤錦」のようなブランド品であれば、新興国に急増する大富豪たちを相手に輸出して大儲けできるかもしれない。

つまり貿易自由化問題におけるジレンマの構図は「工業」対「農業」ではなく、「競争力のある会社・農家」対「競争力のない会社・農家」なのだ。

それまで交渉を延ばすという手も。

そうなると、解決策は「農家の損失補填」ではないはず。同じ補助金を配るなら工業・農業問わず「技術開発、品種改良に投資する」方が建設的だ。

POINT 具体化して論点のズレを探す

ジレンマ問題に折り合いをつける方法

一口に「折り合いをつける」といっても、その方法はいろいろ。効果の高い順に並べると、次のようなランキングになる。

◎ 新しいアイデアで双方とも満足させる
○ 「条件つき」で片方を選ぶ
△ 中間を取った妥協案
× 問答無用で二者択一

たとえば「駅のホームの人身事故対策」。

自殺43%
不慮の事故
57%

ホームに安全柵を設置すれば、飛び込み自殺だけでなく酔っ払いや混雑による転落事故も防ぐことができる。しかし、すべての駅に自動開閉式の安全柵を設置するには莫大な費用がかかる。

このジレンマをどうやって解消するか？

1 問答無用で二者択一

最も安易に言いたくなるのが「予算がないから人身事故は仕方がない」「命がかかっているんだから、鉄道会社は赤字を背負え」という二者択一論。

しかしそもそも人命とお金の両方とも無視できないからジレンマで悩んでいるのであって、片方を無視しろというのは現実的ではない。問題解決型論文では最初から避けるべき発想だ。

2 中間を取った妥協案

「柵の高さを半分にして、安く済ませよう」というのが中間案。これは効果半分どころか逆効果だ。混雑時に柵が見えず、つまずいて転倒しやすくなるではないか。

「費用」という部分だけに囚われると、こういうミスをしやすい。「ホームの片側だけ安全柵を設置する」「開閉式ではなく乗車口部分だけ空いている柵にして安く上げる」という中間案ならまだマシだが、それでも柵のないところからの飛び込みや転落を許してしまうことになる。

3 「条件つき」で片方を選ぶ

「人身事故の多い駅にのみ、安全柵を設置する」であれば、少なくとも酔っ払いや混雑による転落事故はかなり防げるだろう。あとは人身事故が多い駅のランキングで何位まで対象にするかを予算と相談しながら決めることになる。

ただし、飛び込み自殺をしたい人は安全柵のない「穴場の駅」を狙うかもしれない。ここまで防ぐ、もっとクールな解決策はないものか？

4 新しいアイデアで双方とも満足させる

「電車がゆっくりゆっくりホームに入る」

そもそも自殺志願者がなぜ電車への飛び込みを選ぶのかというと、電車にパワーとスピードがあってすぐに止まれず、「確実に死ねそうな気がする」からだ。もし「大怪我で終わりそう」な手段なら最初から選ばない。それに誤って転落した人も、電車がゆっくりなら避難することができる。

そして何より、ただ徐行するだけであれば費用がほとんどかからない。明日から全国一斉に実行できそうだ。

！ダイヤの調整は必要かも。

POINT 安易な二者択一論と中間案は避けよう。

「お金がかかる＝デメリット」とは限らない

ガッカリ答案

既存の学校を使えば済む話。

公立学校を中高一貫校に移行することのメリットは、高校受験に振り回されず自由研究やディベートなど多様な授業を行うことができる点である。

そしてデメリットは、新たに校舎を建てる必要があるためお金がかかることである。ただでさえ税収が減っている上に、近年の豪雪や風水害の影響で防災のためのお金がたくさんかかっている。その上に学校を建て替えるとは、一体どこからお金を持ってくるつもりなのだろう？

したがって、再び景気が回復し税収が増えるまで、中高一貫校の建設は中止にするべきである。

何をするにもお金はかかる。お金がかかることを避けていては何の施策もできなくなってしまう。

自治体の予算というのは防災、医療、産業振興、インフラ整備、福祉など様々な分野の施策に配分されるもので、首長と議員と自治体の各部署による駆け引き、綱引きによって調整される。「防災対策が必要＝学校建設は無理」という単純な話ではないのだ。

採用試験の論文ではそんな生々しい駆け引きまで論じていられないので、とりあえず「『お金がかかる』ではなく別のデメリットを挙げる」と考えておこう。

ちなみに、お金の使い方には「投資」と「消費」がある。

投資＝使った分以上の利益が戻って来る

消費＝使い切ったら終わり

たとえば1000万円で高級スポーツカーを買うと、周囲に自慢できる代わりにローンと高い維持費が毎月発生する。これが消費。

しかし同じ1000万円でトラックを買って運送業を始めたら、そのトラックは毎月利益を生み出してくれる。これが投資だ。

1988年、当時の竹下内閣は「ふるさと創生事業」と称して全国約3300の市町村に一律1億円を交付、しかも使い道は自由という大盤振る舞いを実行した。その結果「巨大モニュメント」や「日本一長い滑り台（完成3日後に日本一の座を奪われる）」など**壮大な無駄遣いをする自治体が続出**する一方、1億円をそのまま預金して15年間で6000万円の利子を得、投資に成功した村もある。

予算は年度内に使い切る習慣なので…

では学校の建設は消費か、投資か？

いい学校を作ると、生徒はいい大学やいい就職先に進むことができるだろう。また学校の評判を聞いて教育熱心で高所得の家庭が引っ越してくるかもしれない。そして優秀な卒業生が多ければ、一流企業を誘致することもできるかもしれない。

数十億円かかっても、運営と教育に成功すれば学校建設それ自体は投資なのだ。

スッキリ答案

公立学校を中高一貫校に移行することのメリットは、高校受験に振り回されず自由研究やディベートなど多様な授業を行うことができる点である。

一方デメリットは、中学3年の段階で自分がその高校に合わないと判断しても、**学校が受験対策をしてくれなかったり志望**する高校も中高一貫校の場合は転入できる枠が限られているなど、高校選択の幅が制限されることである。

メリット自体が裏目に出るケースを。!

したがって、複数の中高一貫校の間で高校進学時に転校が可能な制度を導入するべきである。

POINT 投資と消費の違いを知ろう

コラム

思考のノイズを削ぎ落とそう

本来、われわれ人間の脳は合理的思考ができるようにはなっていない。気づかないうちに様々な雑念に埋め尽くされ、何が本当に大事なのかが見えなくなってしまいがちだ。

不愉快　不公平　非常識　面倒　損害　プライド
正義感　事故　不謹慎　可哀想　憶測　ゆとり教育
過去の経緯　意識が低い　設計が悪い　島国根性
親の育て方　貼り紙　禁止令　呼びかけ　頑張る
罰金・罰則　デザインを変える　悪者を懲らしめる
中間値で妥協　一人一人が心がける　手順を変える

悩みから抜けられない人、ネットで不毛な喧嘩ばかりしている人は、大抵これらの雑念に振り回されている。

このような脳内を、第３章で紹介した問題解決のルール「実害のないことで騒がない」「変えられないものを変えようとしない」でふるいにかけてみると、どうなるか？

不愉快　不公平　非常識　面倒　**損害**　プライド
正義感　**事故**　不謹慎　可哀想　憶測　ゆとり教育
過去の経緯　意識が低い　**設計が悪い**　島国根性
親の育て方　貼り紙　禁止令　呼びかけ　頑張る
罰金・罰則　**デザインを変える**　悪者を懲らしめる
中間値で妥協　一人一人が心がける　**手順を変える**

「考えるべきこと」は意外と少ないことに気づくだろう。

頭の中のノイズを削ぎ落とし、残った最小限の問題に思考のエネルギーを集中させる。だから最短距離で解決できる。

これが思考の断捨離、「ミニマルシンキング」だ。

第4章

受かる答案に仕上げるための書き方マニュアル

いよいよ仕上げの「書き方、まとめ方」。
原稿用紙の使い方に1000字を埋める段落構成、
論文特有の言葉遣い……。
小さなことで減点されないように、
論文執筆の正しいルールを覚えておこう。

意外と知らない原稿用紙のルール

公務員試験の論文で用いられる答案用紙は「マス目の原稿用紙」「横罫線のみ」「無地のＡ４用紙」など様々。もっとも無地だからと自由奔放なレイアウトで書いていいわけはなく、試験の答案である以上、一定のルールは守る必要がある。

そこで、マス目の原稿用紙を前提に基本的な書き方のルールを覚えておこう。横罫線や無地の場合でも原稿用紙のルールを守っていれば減点されることはない。

１行目から本文を書き始める

中学校時代の作文と違い、原稿用紙に題名と氏名を書く必要はない。受験番号や名前を書く欄は別に用意されているし、テーマは既に決まっているからだ（設問に「選んだテーマを明記した上で」「タイトルをつけた上で」というような条件があったら話は別）。

勝手に余白を作ったりせず、答案用紙の１行目から本文を書き始めよう。

！
問題用紙の指示はよく読もう。

×

			「	図	書	館	の	民	間	委	託	に	つ	い	て	」					
																N	本	K	介		
	私	は	図	書	館	を	民	間	企	業	に	委	託	す	る	こ	と	に	反	対	で

○

	図	書	館	の	運	営	を	民	間	企	業	に	委	託	す	る	こ	と	の	メ	リ
ッ	ト	は	、	第	一	に	利	用	者	の	ニ	ー	ズ	に	対	し	柔	軟	に	対	応
で	き	る	こ	と	、	そ	し	て	第	二	に	自	治	体	の	財	政	負	担	が	軽

設問が複数ある場合

答案は読みやすさが大事。「問題1、問題2」「(1)、(2)」のように設問が複数あるときは、設問ごとに1行空けて設問番号にも1行使うこと。一気に続けて書いて、あとから欄外に設問番号を書き加えた答案は読み手をイライラさせる。

仕事が雑な人と見なされる。

×

	域	の	主	力	で	あ	る	工	業	製	品	の	出	荷	量	が	5	年	連
	続	で	減	少	傾	向	に	あ	る	こ	と	が	読	み	取	れ	る	。	
問題2	県	内	の	産	業	を	発	展	さ	せ	る	た	め	に	は	、	ま	ず	県
	外	へ	の	ア	ピ	ー	ル	の	機	会	を	増	や	す	こ	と	を	目	指

○

続	で	減	少	傾	向	に	あ	る	こ	と	が	読	み	取	れ	る	。	
問	題	2																
	県	内	の	産	業	を	発	展	さ	せ	る	た	め	に	は	、	ま	ず

文末処理

文章が行末ちょうどで終わる場合、句読点や括弧などの記号は次の行の頭に置かず、行末のマスに押し込める。

ただし小さい「っ」「ゃ」などは記号ではなく文字なので、行頭であっても1マス用いる。

文字と記号で文末の処理が違う。

×

こ	と	を	強	調	し	す	ぎ	て	い	る	こ	と	が	原	因	で	あ	る
。	し	た	が	っ	て	、	関	係	す	る	人	々	の	モ	チ	ベ	ー	ショ

○

し	た	が	っ	て	、	関	係	す	る	人	全	員	の	モ	チ	ベ	ー	シ
ョ	ン	を	維	持	す	る	た	め	の	仕	組	み	が	必	要	で	あ	る。

数字とアルファベットの扱い

数値を示すときの数字と英単語のアルファベットは１マスに２文字が基本。ただし略号やイニシャルは１マスに１文字。

×	約	5	0	0	人		N	e	w	t	o	n				NP	O		
○	約	50	0	人			Ne	wt	on			N	P	O					

字数

字数の指示が「1000字以内」なら少なくとも８割（800字）以上、できれば９割を超えたい。ただし1000字を超えないこと。

「1000字程度」なら、一応の目安は±１割（900～1100字）だが、あまり厳密にはチェックされない。

「字数」は文字数ではなく行数で数える。途中で改行するとそのあとが空白になるが、それも「字数」としてカウントされることになる。

！字数稼ぎでむやみに改行しない。

したがって、もし答案用紙が１行25字の原稿用紙で字数の指定が「1000字以内」であれば、32行で800字なので、33行目に１文字でも食い込んでいれば「８割を満たした」ことになる。

見出しはつけるか、つけないか？

大学のレポートや卒論などでは内容のまとまりごとに見出しをつけることが多い。

公務員試験の論文では、つけてもつけなくてもいい。ちゃんとした論文であれば「問題提起→原因分析→解決策」の型になっていることはわかっていることだからだ。

ただし、ブロックごとに見出しをつけると脱線せずに書けるというメリットもあるので、内容がブレやすい人は書き始める前に見出しを決めてしまうという手もある。

その場合、前の本文と次の見出しの間は１行空けた方が見やすくなる。

本文の字下げ（インデント）は必要ない。

1　治安悪化の背景
　東京都内でも犯罪の種類と発生件数を見ると、
足立区ではひったくりが多いのに対し、新宿区や
港区では粗暴犯が多いという特徴がある。その背
景として……

2　これまでの取り組みとその限界
　これに対し、たとえば文京区では防犯カメラや
防犯ベル、パトロール用ベストへの費用助成が行
われている。その結果……

3　これから取るべき対策
　したがって都内の各地域ごとに特徴のある犯罪
傾向に対処するため……

POINT

横罫線でも「原稿用紙のルール」を知っていれば問題ない

段落分けの基本は「３ブロック構成」

小説やポエムと違って、論文を書く場合は一行一行思いつきで書き並べてはいけないし、芸能人ブログのように改行だらけでスカスカにしてもいけない。

「論文」と名のつく文章には、内容をロジカルに伝えるための決まった構成がある。

公務員試験の論文は基本的に「３ブロック構成」と覚えておこう。そして各ブロックには明確な役割（内容の区別）がある。

1 問題提起	具体例を挙げる、キーワードを定義する、資料を解釈する、議論する意義（必要性）
2 原因分析	なぜその問題が生じているのか 何が解決を阻んでいるのか
3 解決策	誰が何をどう変えるべきなのか

これが最もベーシックな３ブロック構成、「問題提起型」だ。

あえて「３段落」という言い方をしないのは、「段落」という言葉には「形式段落（改行ごとにカウント）」と「意味段落（改行関係なく意味のまとまりごとにカウント）」の二つの意味があって紛らわしいから。本書での「ブロック」とは「意味段落」のことだ。

各ブロックの字数は「だいたい均等」を目安に。「1000字以内で」と指示されたら各ブロック300字を超えるくらいが理想。一つのブロックが長くなるときは各ブロックの途中で改行して２段落に分けると書きやすく、読みやすい文章になる。

！答案用紙に字数の目印をつけると便利。

たとえば「県内の産業が抱える課題」というテーマの場合、各ブロックはこのような段落分けが考えられる。

1 問題提起	❶林業の衰退が問題だ ❷経済面だけでなく、森林環境も悪化する
2 原因分析	❸外的要因　木材の需要が少ない ❹内的要因　後継者が不足している
3 解決策	❺林業を儲かるビジネスに変えよう ❻例：高級ブランドとして海外に輸出する

書く前に6行メモで構成を作る。

これなら1段落につき160字ずつ、6段落書けば簡単に1000字を埋めることができる。

単に字数の手頃なところで改行するのではなく、「……が問題だ。その結果……」「第一に……、第二に……」「……すべきだ。具体的には……」のように内容を二つに分けるのがコツだ。

POINT 問題提起→原因分析→解決策

ジレンマ問題も「3ブロック構成」の応用で

論文試験のテーマには「県内の産業が抱える課題」のように自分で問題提起をしなければならないものも多いが、一方で「原発再稼働問題」や「ＴＰＰ問題」のように賛成派と反対派に意見が割れていたり、メリットとデメリットがあって一概に善悪を決められない問題、いわゆる「ジレンマ問題」もよく出題される。

この場合、どちらの言い分にも一理あるのが普通だ。逆にどちらの立場を取っても何か問題が残る。したがって「賛成か反対か」「白か黒か」のような極端な二者択一ではなく、双方の主張に耳を傾けて折り合いをつける大人の解決法が望ましい。

！中途半端な折衷案もよくない。

前項の「問題提起型」３ブロック構成にアレンジを加えよう。

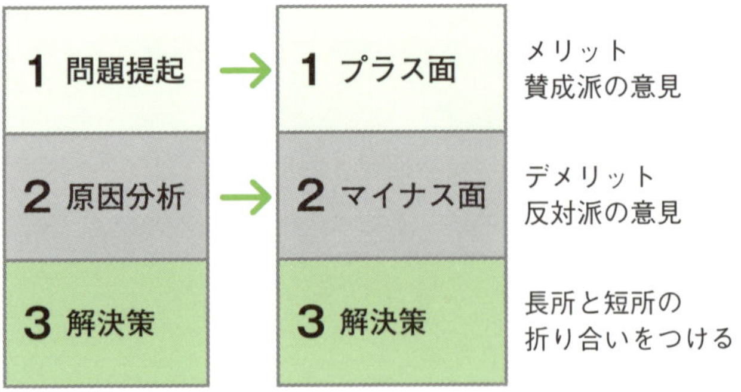

問題提起型　　プラスマイナス型

このとき、ただ賛成派と反対派の主張を並べただけでは堂々巡りの世論と同じことになって結論が出ない。プラス面とマイナス面を説明しながら、「論点のズレ」を浮き彫りにするのがコツだ。

たとえば「集団的自衛権は是か非か」という問題。

1 プラス面	目の前の中国の脅威から日本を守るためには同盟関係を強化する必要がある
2 マイナス面	将来、遠い中東の戦争に日本が巻き込まれる可能性がある
3 解決策	国益に反する戦争への参加は断れることが制度的に保証されるなら、認められる

賛成意見と反対意見をよく聞くと、往々にして「いつ、どこで、どんな場合に」が食い違っているもの。各ブロックを書くときもこの「いつ、どこで、どんな場合に」を具体化することで両者の「落としどころ」が見つかるのだ。

設問によっては「賛成か反対かを明らかにした上で」という条件が付く場合がある。そんなときはこういう構成にしよう。

集団討論でもこの問い方が見られる。

1 プラス面	自分の立場（賛成／反対）とその理由 または相手の立場の問題点
2 マイナス面	（相手の立場ではなく） 自分の立場の問題点
3 解決策	折り合いをつける

「自分の立場のよい点」と「相手の立場の問題点」は表と裏の関係なのでどちらも「プラス面」に含まれる。「マイナス面」ではあえて「自分の立場の問題点」を挙げて議論を揺さぶることが必要だ。

POINT プラス面→マイナス面→解決策（折り合いをつける）

「起承転結」「序論・本論・結論」はなぜダメなのか？

文章の構成として昔からよく知られているのが「起承転結」。これは小説や映画、漫画などエンターテインメントに用いられる。

起……殺人事件が起きる
承……容疑者を追う
転……意外な黒幕、仲間の裏切り、絶体絶命のピンチ！
結……悪者をやっつけて、日常に戻る

「春眠暁を覚えず……」

ちなみに四部構成になっているのは、「起承転結」が元々は漢詩の四句構成を説明する用語だったからだ（アメリカの映画学校では「起」と「承」をまとめて「三部構成」として教えられる）。

ポイントは「転」の部分で読者や観客を「ドキドキ、ハラハラ」させるところにある。「結」はドキドキ、ハラハラを楽しんだ後の余韻にすぎない。

しかし、論文で採点官を「ドキドキ、ハラハラ」させる必要はまったくない。「結」でホッとさせる必要もない。

論文の目的は「問題点を挙げて解決策を提案する」ことであって、読み手の感情を揺り動かすことではないのだ。

「序論・本論・結論」という構成もよく聞く。これ自体は間違いではないが、この言葉だけ覚えても書けるようにはならない。

なぜなら「何を書くのが序論なのか」という内容の話が抜けているからだ。そのため「序」「本」「結」という字面に引っ張られて次のように書いてしまう。

序論……これから書くことを手短に紹介する
本論……序論の内容を詳しく述べる
結論……全体の内容を手短にまとめる

この書き方をすると、「あれれ？　さっきから同じことを３回書いてるぞ？」ということになる。

手短に紹介したものを詳しく述べて、また手短にまとめるのだから、同じ内容が３回繰り返されてしまうのは当然。限られた制限字数の中では、同じことを繰り返し書くのは無駄だ。

!
他に書くべきことが抜けている証拠だ。

強いていえば、正しい「序論・本論・結論」の内容はこうなる。

序論……問題提起
本論……原因分析
結論……解決策

POINT 論文に「ドキドキ、ハラハラ」と「余韻」は必要ない

体験談が求められたら？

警察や消防、市役所などでは「あなたのこれまでの経験を踏まえて」という出題も多い。

このように「体験談」が問われたときは、エピソードの選び方がポイントになる。

論文試験や面接で「体験談」が求められたからといって、必ずしも「華々しい成功体験」が求められているわけではない。「ラグビー部で副キャプテンを務め、チームを地区大会準優勝に導きました！」といっても、「それは君の手柄なの？　それとも部員たちが頑張ったからなの？」と突っ込みたくなるのが人間の心理というものだ。

「！」を使うほどの実績か？

体験談を書くなら「失敗談、苦労話」。

「えーっ？！　失敗談なんか書いたら、能力や人望の面でマイナス評価されちゃうんじゃないですか？」

大丈夫。採用担当者が求めるのは「過去の栄光を誇る人」ではなく「失敗から学んで未来につなげられる人」だからだ。失敗から学べる人は、この先どんなことからも学び続けていける。

基本の構成は「プラスマイナス型」の応用。

1 プラス面	活動の実績 うまくいった部分
2 マイナス面	その裏にある失敗談、苦労話
3 解決策	この教訓を今後にどう活かしたいか

就活までの2か月間で武勇伝を作るぞ!
気球で世界一周!
極小ドミノ倒しで
ギネス記録!
難民キャンプに
学校を建てる!
DIY!
DIY!
WOW

「黒歴史」の中にこそ宝が隠れている。

ネタになるような失敗談がないという人は、今から何かにチャレンジすればいい。**挑戦するものが大きければ大きいほど、高い確率で派手な失敗ができて、就活的には「おいしい」**。

カーネル・サンダースは経営していたガソリンスタンドが倒産し、レストランも火災で焼失。一文無しの状態からフライドチキンのレシピを売り込もうと思い立ったのが65歳のときで、2年間車中生活で飛び込み営業を続け、1009回も断られたという。

1000回といえば、トーマス・エジソンも電球を発明するまで1000回失敗したといわれる。だが本人曰く「1000度の失敗をしたわけではない、1000のステップを経て電球が発明されたのだ」。

失敗したことのない人生というのは、何にもチャレンジしたことのない人生ということでもある。

POINT! 失敗談を分析し、今後にどう活かすのかを述べよう

「1000字の壁」を超えるには？

公務員試験の論文は「800字以内」から「1500字以内」、特に「1000字程度」が規定字数になっていることが多い。しかし文章を1000字も書くというのは……なかなか大変なものだ。

問題 **近年、生活保護のあり方が大きな問題となっている。2012年には受給者が過去最多となる212万人を超え、支給総額も3兆7000億円にものぼり、国や地方自治体の財政を圧迫する一因となっている。生活保護の財政負担を軽減するために行政はどのように取り組んでいくべきか、あなたの考えを1000字程度で述べなさい。**

ガッカリ答案

問題文のコピペは「字数稼ぎ」!

生活保護受給者の増大は大きな問題だ。なぜなら近年では過去最多となる212万人を超え、支給総額も3兆7000億円にのぼり、国や地方自治体の財政を圧迫している。この状況を改善し、生活保護の財政負担を軽減する方策を考えていきたい。

たしかに生活保護の財政負担は大きい。ただでさえ国も多くの自治体も赤字に苦しんでいるのに、働けない人たちのためにお金を出すというのは難しいことだ。しかし、だからといって支給を厳しくすると餓死する人も出てくる。こんなことは決して許されることではない。

間をとればいいという話ではない。

だから、生活保護の財源を確保するためにも消費税の増税はやむを得ないと思う。福祉の充実しているイギリスや北欧に倣って15％くらいがいいのではないだろうか。そして、生活保護を受給できずに餓死する人が出ないよう、また逆に不正受給

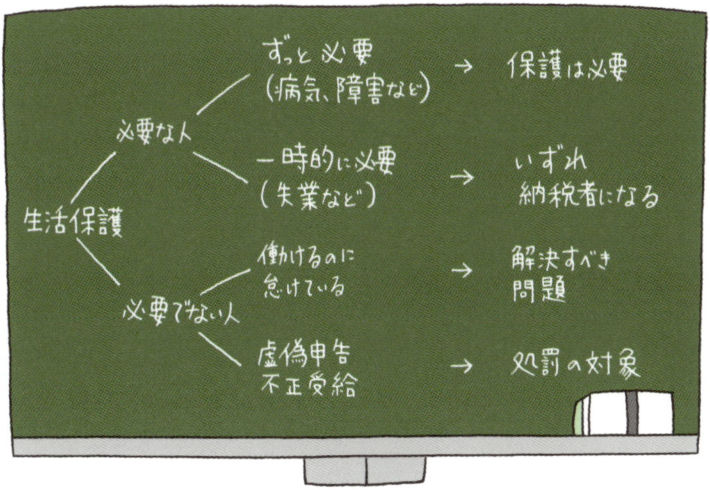

論文で体言止めは使わない。

も行われないように、窓口の対応をしっかりすることも大切である。

震災後のキーワードとなった「絆」。これこそ私たちが世界に誇るべき日本人の心である。弱者を互いに支え合う社会の創出は、21 世紀の日本にとって最大の課題だと思う。

生活保護の財源をどうするかというマクロ経済的な切り口で書こうとすると、議論が大ざっぱになって書くことがなくなってしまうものだ。

「しかし」で全否定すると話が進まない。

書くことがないと、何か埋めなければならなくなって問題文を丸写ししてみたり、「たしかに〜しかし」構文を多用して話が堂々巡りに陥ったり、中身はないがカッコイイ表現を並べてみたりしたくなる。

でも、そんな小手先のことで 1000 字を埋めるのは難しいだろう。

増やすべきなのは「ボキャブラリー」ではなく「視点」。

たとえば生活保護なら「どうしても必要な人」と「実は必要ではない人」、さらに「おそらく一生必要な人」と「一時的に必要な人」に分類できる。無駄な支出の原因も「受給する側」と「支給する側」それぞれに求めることもできるだろう。このように物事を「プラス・マイナス」「する人・される人」「持つ人・持たない人」のようにいろいろな面に分けると、それだけ多様な内容を盛り込むことができるのだ。

スッキリ答案

ジレンマも分類すれば別々の問題に。

生活保護の受給者は大きく三つのタイプに分類される。第一に病気や障害などやむを得ない事情で働くことが不可能な受給者、第二に失業中で次の仕事が見つかるまで一時的に支援を必要とする受給者、そして第三に本当は働く能力があるにも関わらず生活保護に依存している受給者である。このうち、やむを得ぬ事情による第一と第二のタイプの人々を支えるのは行政の責任であり、彼らに対する支給額は削減するべきではない。特に第二の一時的な受給者は早く再就職して納税する側に回ってもらうためにも必要な支援は迅速に行うべきである。むしろ不必要に財源を圧迫しているのは安易に生活保護に依存する第三のタイプの増加である。そしてこのような事例が報道されるたびに、生活保護制度そのものや生活保護受給者全体が批判されてしまうのである。

もらえる理由と流用できる理由

働く能力があるのに生活保護に依存する受給者が後を絶たない原因として、第一に仕事を見つける意欲があるかないかは個人の内面であるため区別がつきにくいこと、第二に支給された現金の使い道が自由であることが挙げられる。生活費や求職活動費として受け取った現金はパチンコなどの遊興費に流用することも実際には可能である。そのため、たとえ元々は働く意欲があった人でも、目先の損得を考えたら働かずに生活保護を受給した方がいいという判断をすることは十分に考えられる。つまり現在の現金支給という制度は「自らの自立のために役立ててくれるだろう」という受給者の良心に頼った不確実な方法であり、安易な生活保護依存を防ぐことは難しいのである。

したがって生活保護のうち無駄な支給を減らすためには、本米国では既にカードで支給されている。

面倒くささを与えるのがポイント。

> 当に必要な人への支援は十分に行いながら、怠けているだけの人にはメリットがなくなるような支給の仕方が必要である。具体的な対策としては、第一に使い道の限られた商品券やプリペイドカードなどの現物支給が考えられる。たとえば求職活動のためにスーツを買うことはできてもパチンコには使うことができないというある程度の不自由さを設ければ、遊ぶ金が欲しければ自分で働いた方が得という判断ができると予想される。また第二に、受給の条件として資格取得や面接講座など再就職のための学習に参加することを義務づけるべきである。求職活動費相当分の商品券やプリペイドカードはこの学習参加と引き替えに渡すことにすれば、仕事を探す意欲のある人を優遇し、怠けている人に再考を促すことができるのである。

これで1006字。論文は行数でカウントするので、答案としてはもう少し多いことになる。

もっとも、「分類」は単に答案の字数を埋めるテクニックではない。分類を意識すれば、それだけいろいろな立場・事情の人を想定することになり、物事のプラス面とマイナス面を公平に評価できるようになる。これは公務員にとって欠かせない視点だ。

かつて、イギリスに住む一人の女性が夫と離婚し、シングルマザーになった。彼女は生活保護を申請し、赤ちゃんを育てながら小説を書き始める。

彼女のペンネームはJ・K・ローリング。その小説のタイトルは『ハリー・ポッターと賢者の石』。

かつて生活保護受給者だった彼女は現在総資産1200億円の大富豪になり、莫大な税金を納める側になっている。

POINT! 分類すると視点が広がり、字数も増える

「学生っぽい文章」はこれが原因

「文章から学生っぽさが抜けないんです。まだ精神的に幼稚だからですかね？」

こんな悩みを持つ大学生は多い。でもそれは精神が幼いからではなく、単純に言葉遣いのせいだ。

次の二つの文章を比較してみよう。

問題 **ステーキセットに添えるデザートに「ゆずシャーベット」を推すレポートを書きなさい。**

ガッカリ答案

全体的に主観的表現。

私はゆずシャーベットが一番いいと思う。ステーキを食べたあとは口の中が脂っこくなるが、シャーベットのシャリシャリ感でさっぱりするし、何よりゆずのいい香りと酸味。私の周囲でもステーキとゆずシャーベットの組み合わせが好きな人は多い。

スッキリ答案

どの文も客観的事実。

ステーキ後のデザートには、ゆずシャーベットが最適である。アイスクリームと異なり氷粒が大きいため口の中の脂分が落とされ、柑橘系の香りと酸味が清涼感を与える。過去のデータでもステーキの後、単品でのゆずシャーベットの注文はバニラアイスの1.5倍である。

ほとんど同じ内容だが、ガッカリ答案は「学生バイトが書いた文章」、スッキリ答案は「正社員による文章」のように見える。

よく見ると、ガッカリ答案に何度も出てくるのにスッキリ答案には一度も使われていない単語があるのに気づくだろうか？

それは「私」。

冒頭を「私は」から書き始めた時点で、それは「主観の文章」になってしまう。私の想い、私の感じ方、私の半径２メートルの世界だ。

逆に政治家は「私」を連呼する。

基本的に、ビジネス文書や官庁の公文書などフォーマルな文書に「私は」は登場しない。これらの文章に求められるのは「客観性」だからだ。立場に関係なく、誰が見ても妥当な内容が求められる。

文章を「大人っぽく」したければ、主語を「私は」ではなく「物事あるいは第三者」にしてみよう。

「私は……と思う」→「ゆずシャーベットが最適である」

「私の周囲でも」→「過去のデータでも」

公務員試験で「私は」を使っていいのは、「あなたの経験から」系の出題の場合のみだ。

論文指導をしていると、こんな質問をよく受ける。

「文末を『と思う』にすると主張が弱くなるからダメって聞いたんですけど、だからといって『である』だと強すぎる気がして……どうすればいいんでしょう？」

明治の文豪みたいで偉そう？

論文に「と思う」がふさわしくないのは、「主張が弱くなるから」という理由ではない。

文末を「と思う」にすると、その主語は（書かれていなくても）「私は」になる。つまり主観の文章になってしまうのだ。

「と思う」と「である」の違いは、主張が弱いか強いかという程度の差ではなく、主観か客観かという根本的なベクトルの違いだったのだ。

POINT 主語「私は」をやめてみる

カジュアル言葉、フォーマル言葉

服装にカジュアル（Ｔシャツにジーパン）とフォーマル（スーツにネクタイ）があるように、文章にもカジュアルとフォーマルがある。

カジュアルな文章とは友達同士のメールやＳＮＳ、あるいはエッセイやブログなど。フォーマルな文章とはビジネス文書や役所の公文書、そして試験の論文などだ。

フォーマルな文章に個性は必要ない。特に公文書では内容の正確さと役所の威厳を保つため、言葉遣いのルールが厳密に決まっている。

ゆるキャラのツイッターなどは別。

たとえば「お母さん」はカジュアル言葉。自分のお母さんなら「母」、世間一般のお母さんたちを指すなら「母親」、学校の文脈なら「保護者」という言葉もある。

「お金」は文脈によって「費用、支出、所得、預貯金、財政、現金、通貨」など様々に言いかえられる。

ひらがなは漢語、熟語に言いかえる。

フォーマル言葉を使いこなすには、言いかえのボキャブラリーを増やしておくことが必要だ。そのためにお勧めなのが、ＮＨＫのニュース。

ＮＨＫのアナウンサーは「正確で、かつ堅すぎない」という絶妙なバランスのフォーマル言葉を話している。普段から聞き慣れておくと、迷ったときに「えーと『イベントに来た人たち』ってアナウンサーは何て言ってたっけ？　あ、『来場者』か」と思い出しやすい。

	カジュアル言葉	フォーマル言葉
人	お父さん、お母さん おじいさん、おばあさん お金持ち 貧乏な人 作る人、売る人、買う人 お客さん	父、母／両親、保護者 祖父、祖母／高齢者 高所得者、富裕層 低所得者、貧困層 生産者、小売業者、消費者 顧客、消費者、利用者
モノ	お金 ご飯 お店	所得、費用、財政、通貨 食事、食料、食生活 商店、小売店
動作	やる 頑張る 話し合う	する 努力する 議論する
状態	きれい 汚い ちゃんとした ダメな、残念な	美しい、清潔な、整頓された 不潔な、乱雑な 正しい、適切な 間違った、不適切な
い抜き	…してる	…している
ら抜き	見れる	見られる
活用	違くて 違くなる	…とは違い、…とは異なり 変化する
強調語	すごく、超…	とても、非常に
接続語	だから、なので（文頭） …から（理由を表す） …とか	そこで、したがって …のため …や…など
体言止め	…という問題。	…という問題がある。

POINT NHKニュースの言葉遣いを聞き慣れておこう

コラム

書くスピードと時間配分

「書くのが遅いんですけど、本番で時間内に書くにはどうすればいいでしょう？」

実は「論文を書くスピード」は「鉛筆を走らせるスピード」ではない。

書くスピードを決めるのは「消しゴムで消す回数」と「悩んで筆が止まる時間」の二つ。

書き始めてから「あーでもない、こーでもない」と消しては書き直し、消しては書き直し……これだけで書いた文字数は数倍になる。しかも「あれ？　話が続かない……」と筆が止まって数分間フリーズ。そして結局、時間切れ。

こんなことにならないためには、ノンストップで書くことが重要だ。

試験時間 60 分なら、前半 30 分は書かずに考えよう。ある程度手書きに慣れている人の場合、十分に練った内容なら 30 分で 1000 字は十分書ける。

時間切れを心配して 5 分で見切り発車するのは避けたい。書き直しループに陥って本当に時間切れになってしまう。

そして、書き始めたらなるべく消しゴムを使わないことも大事。

多少ぎこちない言い回しになっても、強引につなげて書き進めた方がいい。論文試験で「名文」や「美しい表現」にこだわっても得点には反映されないからだ。

準備に十分な時間をかけ、書き始めたら一気に。これが時間内に書き終わるコツだ。

第5章

引っかけ注意！データ問題はこう解く

論文や集団討論で近年増えているデータ問題。
あまり知られていないが、
実はその多くが「引っかけ問題」だ。
グラフや表の攻略法をマスターし、
出題者の「罠」を見抜こう。
そしてライバルに大差をつけよう。

データ問題には「ズバリ正解／不正解」がある

論文試験のみならず、近年では集団討論やプレゼンテーションなどの試験方式でもグラフや表などのデータが出題されることが増えている。

データ問題のポイントは「そのグラフを選んだ出題者の意図」を見抜くこと。出題者側には論じさせたい問題点が既にあり、それをメインに描いた表やグラフを選んでいる。

だから「自由な解釈」をする余地はないし、データを見ずに「先入観」で判断するのも出題者の思うつぼ。表やグラフには読み方のルールというものがあって、正しく読めばその資料の解釈は一つに決まるようになっている。

つまり論文試験のデータ問題には「ズバリ正解」があるということだ。資料の解釈で失敗したら、あとはどんなに立派な文章を書いても採点のしようがない。

問題 **右ページの資料は、日本、英国、米国においてＡＩＤＳ（後天性免疫不全症候群）を発症した患者の報告数を表したものです。これらから読み取れることを述べなさい。**

「感染」ではなく「発症」。

ガッカリ答案

米国の患者が多すぎる。これは性のモラルが崩壊し、ドラッグが蔓延しているからだ。若者たちに対する性教育を徹底し、同時に薬物の危険性も訴える必要がある。

実数は棒グラフ
割合は円グラフ
変化は折れ線グラフ

もし出題者が「米国の患者が多い」ことを示したいのならば、わざわざ途中で患者が減るような折れ線グラフなど用いるだろうか？

日本・英国（下段）および米国（上段）におけるAIDS患者報告数の年次推移

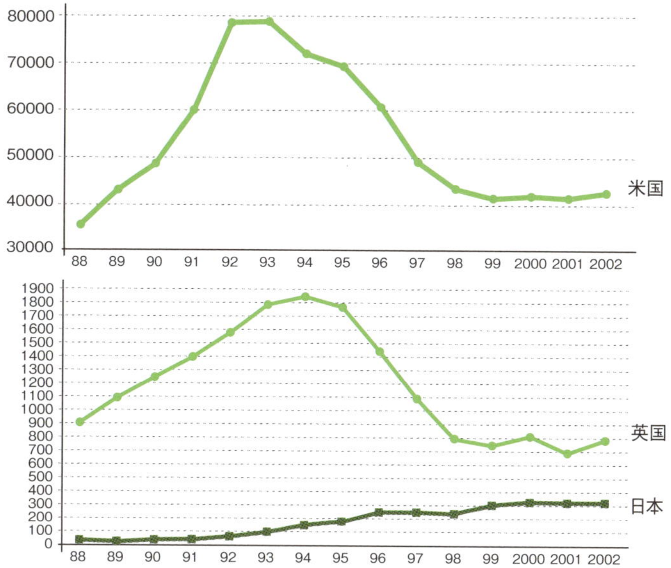

棒グラフを使った方が人数の差を強調できるはずだ。

折れ線グラフであるという時点で、この資料のポイントは「患者数そのもの」ではなく「変化」にある。したがって「米国と英国では減っているのに、日本では増え続けている」という問題提起に気づかなければならないのだ。

ガッカリ答案とスッキリ答案を読み比べてみよう。データの解釈によって話の展開がまったく違ってくることがわかるだろうか。

抗ウイルス剤が実用化された。

スッキリ答案

米国と英国の患者が 1993 ～ 1994 年をピークに減少しているのに対し、日本の患者は増え続けている。これは欧米ではエイズの発症患者を減らす取り組みが成功したのに対し、日本ではその取り組みが行われていないことを意味する。

POINT グラフの形から出題者の意図を見抜く

「出題者の意図」を見抜くには？

データを見るときの基本は、一番大きな差に注目すること。

間違えないように念を押しておこう。一番大きな「数値」ではなく、一番大きな「差」。

リアルな統計ほど細かい変化や差があちこちに見られるものだが、出題者の狙いは必ず一番大きな差だ。二番目以降の微妙な差に食いついたら出題者の思うつぼなので気をつけよう。

問題　次のグラフを見て、ヒロシ君の成績の特徴を一言で述べなさい。

ヒロシ君の成績

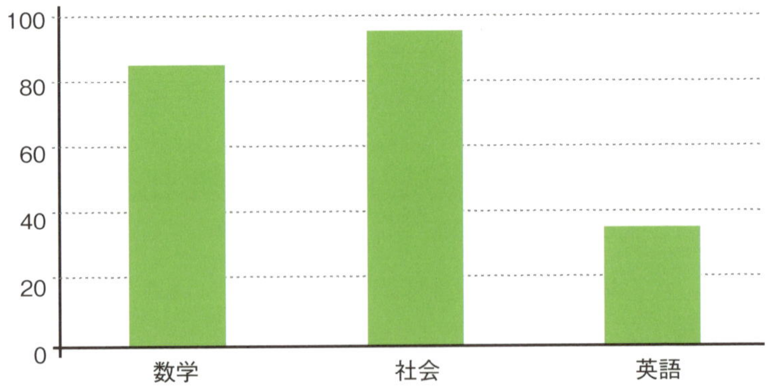

ガッカリ答案

ヒロシ君は社会が得意な子だ。個性を伸ばすのが理想の教育だとしたら、ヒロシ君の社会の成績を褒めてもっと社会を頑張らせるべきだ。

スッキリ答案

ヒロシ君は英語が苦手だ。社会の勉強はもういいから、さっさと英語をやるべきだ。

たしかに一番大きな「数値」を見たら、社会なのだが……。

このグラフをよく見ると、数学と社会の差はわずか。今回のテストではたまたま社会が少し上回ったが、次のテストでは数学の方が上かもしれない。

このように「たまたま今回こうなっただけ」かもしれない微妙な差を「誤差」と呼ぶ。

これに対し英語の点数の低さは……次のテストで数学や社会を上回るとは考えにくい。ヒロシ君は英語の基礎的な理解が欠けていると判断すべきだ。

このように「明らかに何か理由があると考えられる」ほど大きな差を「有意差」と呼ぶ。

ここで誤差を鵜呑みにしてヒロシ君に社会の勉強ばかりやらせたらどうなるか。もしかしたら天才数学者として米国留学する可能性を潰してしまうかもしれない。

一番大きな「差」に注目してこそ、データの背後にある「問題点」に気づくことができるのだ。

厳密にはその差が有意であるかどうか計算で確かめる統計学上の手法がある。しかし論文試験でそこまで気にする必要はない。そもそも有意差であることが確かめられた資料だけが選ばれているからだ。

問題　以下の表の中で、最も重要だと思う点を指摘しなさい。

（東京都・25 年度〈改題〉）

首都直下型地震等による東京の被害想定

			東京湾北部地震（M7.3）		
人的被害	死者		約	9,700	人
		揺れ	約	5,600	人
		火災	約	4,100	人
	負傷者		約	147,600	人
		揺れ	約	129,900	人
		火災	約	17,700	人
物的被害	建物被害		約	304,300	棟
		揺れ	約	116,200	棟
		火災	約	188,100	棟
避難者の発生（ピーク：１日後）			約	339 万	人

（設定の条件：冬の夕方 18 時・風速８ｍ／秒）

出典：平成 24 年４月　首都直下地震等による東京の被害想定報告書（東京都防災会議）より抜粋

ガッカリ答案

首都直下型地震で最も心配なのは、約 9,700 人もの死者が出ると推定されていることだ。さらに負傷者はもっと多い約 147,600 人、建物の被害も約 304,000 棟と非常に多い。ただし建物の場合、揺れそのものではなく火災による建物被害の方が多くなっていることは注目に値する。

でも人的被害は揺れ>火災

スッキリ答案

この資料で特徴的なのは、避難者の発生が約 339 万人も想定されていることである。大量の帰宅困難者が路上にあふれかえると、パニックによる将棋倒しや火災の延焼から逃げ遅れるなどの二次災害の可能性がある。

死者数に注目したくなる気持ちはわかる。家は保険で建て直せるが、人の命は戻ってこない。災害で悲しいのは何よりも人の命が奪われることだ。

しかし、数字で見ると「死者数　約9,700人」というのはちょっと微妙。たしかに日常的な感覚からすると大惨事だが、東日本大震災では2万人以上が亡くなっている。これに比べたら「案外少ない」という見方もあり得るのだ。

大事なのは「実際に何が悲しいか」という気分ではなく、「出題者がこの表を作った意図」。

「一番大きな差」つまりこの表の中で「飛び抜けた数字」を探してみよう。

「建物被害　約304,300棟」？

いやいや、「避難者　約3,390,000人」の方がぶっちぎりで大きな数字ではないか。**「339万」という書き方のせいで桁が少なく見えているだけだ。**

数字嫌いは「桁」に弱い。

もし出題者が「避難者はそのうち家に帰れるんだから、数は多くても、まあいっか」と考えているのであれば、わざわざ資料に避難者のデータを含めたりはしない。「昼間人口の大半が近県や地方から集まっている」という東京特有の問題点があるからこそ、こういう形で出題されるのだ。

明らかな差、有意差を見つけるには「言葉のイメージ」に引っ張られてはいけない。あくまでも「数字の差」を見ることが大切だ。

POINT
誤差ではなく有意差に注目する

グラフの背後には「意外な真実」が隠れている

!
些末な事が正解というオチも多い。

論文試験のデータ問題は択一式試験の「資料解釈」とはちょっと違う。資料解釈では架空のデータであることも多く、そこに書かれている数字を正しく読み取りさえすればよい。

しかし論文試験のデータ問題で示されるグラフや表は人口動態や経済動向、住民の声を集めたアンケートなどのリアルな統計だ。

つまり、グラフの向こうには「人の暮らし」がある。

論文が「社会の問題点を解決する文章」である以上、データ問題も単なる数字の読み取りで終わらず、そこから「人々の暮らしの中に起きている問題」を発見することが求められる。

問題 **生活保護受給者に関する以下の資料より読み取れることと、それに対するあなたの意見を述べなさい。**

被保護世帯数、被保護人員の推移

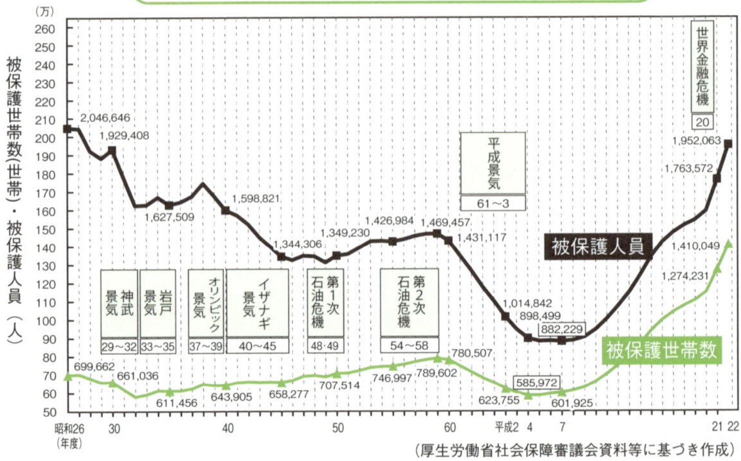

(厚生労働省社会保障審議会資料等に基づき作成)

ガッカリ答案

被保護人員の推移は好況・不況と連動しており、平成景気で大幅に減ったものの、バブル崩壊以降急増している。これはリストラや会社の倒産によって失業した人が増えたからだ。したがって景気回復と雇用対策が必要だ。

2本のグラフの片方しか見ていない。

生活保護受給者の数が景気に左右されるというのは、いわば当たり前の話。わざわざ論文試験の資料としてグラフを出すほどのことではない。

「イザナギ景気」「世界金融危機」のような目立つ表記（言葉）に引っ張られると、「ありがちな解釈」で終わってしまう。

大事なのはあくまでもデータ。折れ線グラフが２本あることに注目しよう。

２本の折れ線を全体的に眺めてみると、左半分では幅が広く変動の仕方も異なるのに、右半分では幅が狭く同じようなカーブで急上昇している。

このグラフの幅、被保護人員数と被保護世帯数の差は何を意味するのだろう？

人員数を世帯数で割ると一世帯当たりの人数になる。つまり人員数と世帯数の差の変化は、家族構成の変化だ。

もう一度グラフを見てみよう。昭和 26 年には一世帯当たり約３人だったのが、平成４年以降は約 1.3 人。同じ「貧困層」でも家の中の風景がまるで変わっていることがイメージできるだろうか？

スッキリ答案

平成４年以降、被保護人員数と被保護世帯数の差が小さくなり、ともに急増している。これは一人暮らしの生活保護受給者の増加を意味している。彼らは家族で助け合うということもできず、自分自身が再就労しない限り貧困から脱却できない。したがって貧困層を社会的孤立から救済することが必要である。

無縁死、孤独死の予備軍だ。

問題 **わが国の若者の雇用状況について、以下の資料より読み取れることを述べなさい。**

図1

新規高校卒業者の求人・求職状況の推移

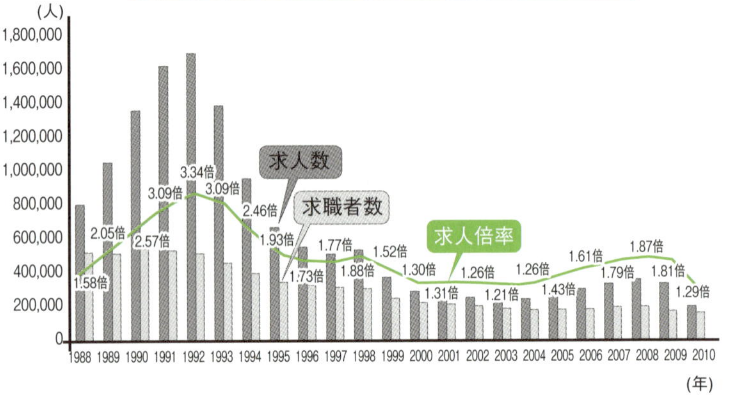

(注)　求職者数とは、学校又は公共職業安定所の紹介を希望する者の数。　(各年3月卒)

資料:『平成22年版厚生労働白書』から作成

図2

主要先進国の若年層(15歳～24歳)の失業率の推移

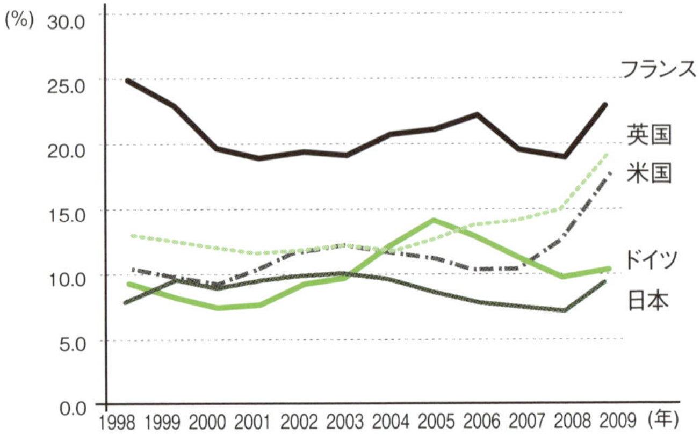

ガッカリ答案

バブルの売り手市場も今は昔、近年では世界金融危機の影響で若者の雇用状況が再び悪化している。図２を見てもわかるように、若者の失業率はどの国でも大きな問題だ。特に日本では派遣社員などの非正規雇用が増えていることが大きな問題となっている。派遣社員を救済するため、正社員化するべきだ。

どの国も同じなら図2はいらない。

「一番大きい数値＝フランス」に目をつけてしまうと、図２からは「フランスほどではなくても、どの国も失業率が高い」という意味しか読み取れなくなる。

折れ線グラフの意図は「変化」だ。この中で変化の仕方が他と異なる国、または順位の入れ替わっている国はないだろうか？

そう、日本が途中から最下位になっている。

「日本の雇用は最悪」と決めつけていると信じがたいかもしれないが、実は「諸外国よりはマシ」というデータなのだ。

日本の失業率が最下位になった2004年頃の日本社会の変化といえば、1999年と2004年に大きく改正された労働者派遣法。これにより「派遣社員」という労働形態が一般化した。

「派遣社員＝問題」と決めつけがちだが、労働者派遣法改正も国が行った施策であることを忘れてはいけない。

スッキリ答案

図１より、若者の雇用状況が景気に大きく左右される不安定なものであることがわかる。しかし図２を見ると2004年以降日本の失業率だけが低下し続け、かつ最も低い水準である。また世界金融危機の影響も米・英・仏と比べて小さい。これはこの時期に増えた派遣社員などの流動的な雇用形態が受け皿になったものと考えられる。

！非正規のまま待遇を改善するのがベスト。

POINT！ テーマや図のタイトルで先入観を持たない

相関と因果関係を混同しない

「相関」とは、たとえば「読書量が多い子ほどテストの成績がいい」のように二つの現象の間に比例のような関係が見られること。棒グラフや折れ線グラフは基本的に縦軸のデータと横軸のデータの相関を表している。

ただし気をつけなければならないのが、「相関は因果関係ではない」ということ。

読書量と成績の関係でいうと、「読書をしたから成績がよくなった」ように見えるが、もしかしたら「元々成績のいい子だから本を読むのが苦にならない」という逆の因果関係かもしれないし、「教育熱心な親が読書も勉強もさせている」という別な原因も考えられる。

ＡとＢの間に相関が見られたからといって、短絡的に「Ａのせいで Ｂになった」と因果関係を決めつけてはいけない。

問題　次のページのグラフから読み取れることを簡潔に説明しなさい。

ガッカリ答案

結核菌の発見、化学療法、予防接種など医学の進歩のおかげで結核の患者が減少してきた。これからも医学や医療技術の発展を促進するような施策を行うべきである。

これなら図を見せる必要がない。

グラフをよーっく見てみよう。結核菌が発見されたのは 1880 年頃（正確には 1882 年にコッホにより発見された）。ところがこのグラフは 1838 年から始まっており、結核菌発見の時点で既に死亡率は半分まで減っている。

結核による年間死亡率（英国の統計）

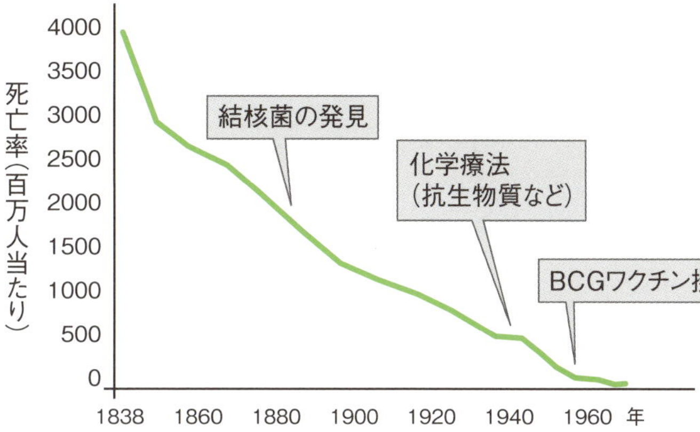

なんと、医学の進歩は関係なかった！

たしかに医学の進歩と結核による死亡率の間には「相関」が見られる。でもそれは単なる相関であって、「医学が進歩したから」という因果関係ではないのだ。

スッキリ答案

結核菌の発見や化学療法の確立よりも以前から結核で死亡する患者は減り始めていた。これは医学の進歩以上に社会の衛生状態と人々の栄養状態が改善された結果であると考えられる。

厳密にいうと、このデータだけで「衛生状態と栄養状態」が原因だと決めつけることはできない。実際の衛生状態や栄養状態を示すデータ（たとえば上下水道の整備、石けんの普及、食生活の変化、飢餓人口の割合などなど）と感染率・死亡率を照らし合わせ、検証する必要がある。

抗生剤に頼りすぎて耐性菌が生まれた。

しかしいずれにせよ、「医学以外の原因が存在する」ことを見抜くリテラシーがあるかどうかがこの問題の出題意図になるのだ。

問1 以下の資料から読み取れる内容と、そのような状況になっている理由として考えられることについて述べよ。

問2 少子化の要因分析を行うに当たり、資料のデータに加えて任意の二つのデータを用いることができるとした場合、あなたが用いたいと思うデータの内容と、その理由について述べよ。
なお、この場合のデータは、必ずしも実際に存在するものである必要はなく、データの内容が明確に記述されていればよい。

（京都府・26年度）

都道府県別合計特殊出生率と在学者一人当たり教育費（円／月）

都道府県名	合計特殊出生率	在学者一人当たり教育費
岩手県	1.44	13,450
埼玉県	1.29	34,690
石川県	1.47	24,881
福井県	1.60	21,491
京都府	1.23	29,504
大阪府	1.31	26,378
兵庫県	1.40	30,005
鳥取県	1.57	14,970
島根県	1.68	13,996
佐賀県	1.61	15,843

※平成24年　　※平成21年

今後増えると予想される。「仮説を立てて、それを検証する手段を考えろ」という、公務員試験では珍しい形の出題。正しい原因を答えることは最初から求められていない。この表だけでは因果関係を決められないからだ。

参考までに、表のデータをグラフ（散布図）にまとめてみた。岩手県のようにはみ出しているところがあるものの、全体的に「合計特殊出生率（出生率）が高いほど教育費が少ない」という傾向が見られる。これが「相関」だ。

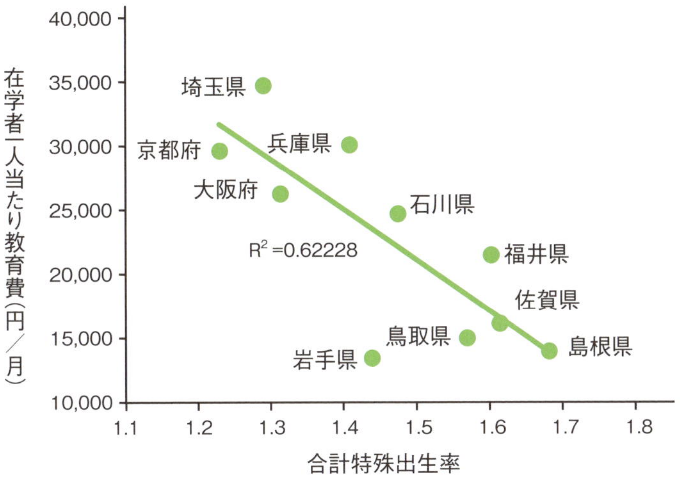

ガッカリ答案

問１　ざっくり言うと、京都・大阪よりも西に行くほど合計特殊出生率が高く教育費が少なくなる傾向が見られる。これは物価が安いほど子どもを産みやすいからに違いない。

同じ分野のデータでは二度手間。

問２　物価の安さを測るのに、教育費だけでは不十分だ。家賃や食料品も含めた総合的な物価のデータが必要である。また、この表は「都道府県名」といいながら北海道や東京都が含まれていない。やはり全国すべての都道府県で比較してこそ「西に行くほど」という仮説が証明されるだろう。

教育費も含めた生活費全般が安くて済むから出生率が高いのかもしれないが、逆に出生率が高いから一人一人に教育費をあまりかけられないのかもしれない。あるいは出生率も教育費もそれぞれ何か別の原因による結果にすぎないのかもしれない。

あくまでも「仮説」なのである程度自由に考えて構わないが、少なくとも「出生率→教育費」と「教育費→出生率」という２方向の仮説を挙げると「相関と因果関係の違いがわかっている」というリテラシーの高さをアピールできる。

スッキリ答案

！妻の実家が遠いという仮説も。

問１　京都、埼玉、大阪、兵庫などの大都市圏ほど合計特殊出生率が低く教育費が高い傾向が見られる。その理由を説明する仮説として、第一に私立学校や学習塾に通うのが一般的で教育費がかかるためにたくさん子どもを産むことができないこと、第二に都市部ほど女性の高学歴化やキャリア志向によって晩婚傾向にあり、子どもが少ないため多くの教育費をかけられるということが考えられる。

！民主党政権が貴重な実験をしてくれた。

問２　第一の仮説を検証するデータとして、合計特殊出生率の年次推移が挙げられる。もし高校の授業料が無償化された翌年から都市部の合計特殊出生率が上がっていれば、それまで出産を控えていた理由が教育費にあったと考えられる。また第二の仮説を検証するには第一子出産時の母親の平均年齢の都道府県別データが必要である。第一子の出産年齢が高いほど子どもの数が少ないのはやむを得ぬことであり、教育費が少子化の原因ではないと考えられる。

POINT！　相関と因果関係を混同しない

あとがき

本書に最後まで付き合ってくれて、本当にありがとう。

このページまで辿り着き、合格圏に一番近いところに立っているあなたに、私が本書を書いた本当の目的を告白しよう。

この本は表向き「公務員試験に合格するため」の参考書である。

しかし本当の目的はそこではない。

「これからの時代に活躍できる公務員を輩出する」ことだ。

オックスフォード大学のマイケル・A・オズボーン准教授は論文『雇用の未来――コンピューター化によって仕事は失われるのか』の中で、コンピューターやロボットの進化によって今後なくなる仕事を予測している。

「銀行の融資担当者、スポーツの審判、保険の審査担当者、電話オペレーター、給与・福利厚生担当者、レジ係、チケット係、集金人、パラリーガル・弁護士助手、ホテルの受付係、税務申告書代行者、図書館員の補助員、データ入力作業員、苦情の処理・調査担当者、簿記・会計・監査の事務員、検査・分類・見本採取・測定を行う作業員、造園・用地管理の作業員、建設機器のオペレーター……」

「よかったぁ、公務員が入ってない♪」

甘いっ！　「公務員」という身分が書かれていないだけで、役所の中でも「真面目にコツコツ前例を調べて書類を処理する」ような仕事はもうすぐ消えるということなのだ。

これは単なる未来予想ではない。2014年、神奈川県庁は1600台のiPadを導入。その結果、毎日会議のたびに作られていた何千枚もの紙の資料が消えた上に、災害現場の映像を見ながら直接指示を出すことが可能になったという。ただのコピー係や伝言ゲーム係にはもう居場所がないのだ。

では、多くの事務仕事が機械に取って代わられた後、最後まで人間に残される仕事は何か？

それが「クリエイティブな問題解決」に他ならない。

「もっとみんなが納得する方法はないか？」

「もっと効果の上がる施策はないか？」

「この人がもっと幸せになれる選択肢はないか？」

公務員が事務処理ではなく問題解決をするようになったら、社会は今よりもっとよくなる。行政はもっと頼もしくなる。私たちも喜んで税金を払いたくなる。

そして、公務員というものが何よりも楽しい仕事になる。

そんな未来が実現したとき、本書がちょっとでもお役に立っていたら、著者としてこれ以上の喜びはない。

あなたの合格を、そして公務員としての活躍を心から願う。

2016年1月8日　鈴木鋭智

謝　辞

本書執筆の機会を与えてくださり、毒気の強い原稿をいい感じに洗練させてくださった株式会社実務教育出版の加藤幸彦さん、『小論文のオキテ55』シリーズ（KADOKAWA）から引き続き、抽象概念を脱力系イラストにするという無理難題に応えてくださった株式会社ぽるかの村山宇希さん、同じくいつものポップな紙面デザインで原稿執筆にもインスピレーションを与えてくださった有限会社ムーブの新田由起子さんと徳永裕美さん、参考書らしからぬクールな表紙で「ミニマル」という本書のコンセプトをズバリ視覚化してくださった株式会社坂川事務所の坂川栄治さんと鳴田小夜子さん、公務員試験という頭脳ゲームの世界に誘ってくださったＣＳＳ公務員セミナーの川井太郎先生と間舎敦彦先生および諸先生方、代々木ゼミナール時代から変わらず熱い添削でサポートしてくださっている進藤貴和子さん、国語教育をビジネススキルに展開する機会を与えてくださった株式会社ラーニングモアの山口伸一さんとSMBCコンサルティング株式会社の出村敏恵さん、そして「ガッカリ答案」の元ネタの数々を提供してくれた愛すべき生徒諸君！

みなさんのおかげで本書を世に出すことができました。

本当にありがとうございます！！

著者紹介

鈴木鋭智（すずき えいち）

ＣＳＳ公務員セミナー顧問講師。1969年青森県生まれ。東北大学大学院文学研究科修士課程修了（認知心理学専攻）。代々木ゼミナール講師時代、小論文指導において「ミニマルシンキング」「３Ｄの法則」など独自の論理思考メソッドを開発し、合格率を倍増させる。

その確実なノウハウが受験生のみならず就活生やビジネスマンからも支持され、テレビ・雑誌等のメディアでも活躍中。

著書には、『ミニマル思考　世界一単純な問題解決のルール』（かんき出版）、『何を書けばいいかわからない人のための　小論文のオキテ55』（中国語版タイトル『寫作的技術』）、『仕事に必要なのは、「話し方」より「答え方」』（同『回話的藝術』）、『何を準備すればいいかわからない人のための　AO入試・推薦入試のオキテ55』、『何となく解いて微妙な点数で終わってしまう人のための　現代文のオキテ55』（以上、KADOKAWA）があり、台湾・中国でも翻訳出版されている。

鈴木鋭智オフィシャルブログ
https://suzukieichi.com

本書の内容に関するお問合せは、以下のあて先に郵便またはメール、FAXでお送りください（書名を明記のこと）。
株式会社 実務教育出版　受験ジャーナル編集部
〒163-8671　東京都新宿区新宿 1-1-12
E-mail　juken-j@jitsumu.co.jp　　FAX　03-5369-2237
本書に関するお知らせ、訂正情報がある場合は、小社ホームページ（https://www.jitsumu.co.jp）に掲載します。

公務員試験　無敵の論文メソッド

2016年 2月20日　初版第1刷発行　　〈検印省略〉
2020年12月10日　初版第7刷発行

著　者――鈴木鋭智
発行者――小山隆之
発行所――株式会社 実務教育出版
〒163-8671　東京都新宿区新宿 1-1-12
編　集　03-3355-1813　　販　売　03-3355-1951
振　替　00160-0-78270
印　刷――シナノ印刷
製　本――東京美術紙工

ISBN978-4-7889-7758-7　C0030